小西芳之助の生涯

恵心流キリスト教の牧師

山口周三

教文館

小西芳之助導源

小西牧師祝祷

高円寺東教会 25 周年記念（昭和 49 年 4 月 14 日石館邸の庭で）

予の基督教の凡てはロマ書十の十三により「我が主イエスよ」と称えるにつきる

昭和五十一(一九七六)年五月

導源

生きらば称名このままで
目の前の仕すべきを成し
死ねば天国キリストに迎えらる
その時の喜びやいかん
生きしにともに賜

一九七七・一一・二一

導源

はじめに

小西芳之助先生は、学生時代、大正七年から一三年まで内村鑑三先生の聖書講解を七年にわたって聞かれ、キリスト教の信仰を学ばれました。その後約三〇年の銀行員生活を経て、昭和二四年から昭和五五年に召されるまで、日本基督教団の高円寺東教会牧師を務め、聖書講解を中心とする説教をされました。特に、ロマ書（ローマ人への手紙）の講解説教に重点をおかれ、ロマ書一〇章一三節に書かれている「主の御名を呼び求める」こと、すなわち「称名」が、私たちが救われる条件となっていることを発見され、説教の中で、いつも強調されました。先生が尊敬する恵心僧都・源信は、先生の生まれた奈良県大和高田市からわずか二キロほど離れた土地に生まれ、この箇所を読まれたら、必ず同じことを言われるに違いないと考え、先生は、ご自分のキリスト教を「恵心流キリスト教」と呼んでおられました。

私と小西先生との出会いについて記します。私には、学生時代阿部達雄君という親友がいました。彼とは、矢内原忠雄先生のお弟子・西村秀夫先生の読書会や矢内原忠雄先生の追悼記念講演会がきっかけで親しくなりましたが、彼は大学三年生の時、同志会という東大生のためのキリスト教学生寮に入寮しました。同志会の玄関口で彼とキリスト教会に行ってみようかと話し合っていた時、そばを通られた西村嘉郎さんにどこかいい教会を御存じでしょうかと尋ねたところ、自分が行っている教会に来てみてはどうかという西村さんの勧めで、私たちは、高円寺東教会に行くようになりました。当時、小西先生は、同志会の副チャプレンでした。私は、その後一年間、西村秀夫先生の家庭集会に移りましたが、私には小西先生の純福音の説教の方が合うと思い、高円寺東教会に戻り、先生が昭和五五年に亡くなられるまで高円寺東教会に通い、小西先生からキリスト教の教えを受けました。小西先生が亡くなられて後は、石館基さんの家庭集会に約三〇年間通いました。石館基さんが家庭集会を閉じられてからは、佐生健光さんと私が中心になって、高円寺東集会として、小西先生が高円寺東教会の牧師時代に残された説教テープを聞いて、出席者が感想を述べるという礼拝の方法で、集会を持っています。その集会も始めて七年になりました。

私には小西芳之助先生と南原繁先生という二人の先生がいます。お二人とも内村鑑三先生のお弟子ですが、目の前の義務を果たしていればよいという、この世の過ごし方を教えて頂きました。学生時代に小西先生に初めてお会いしてから五七年が経ちましたが、それ以来ずっと小西先生から学んで来られたことを、つくづく幸福であったと思います。後世の人に小西先生のことを知って頂きたいという思いから、この伝記を執筆いたしました。小西先生の短い伝記としては石館基さんが著わされた『天国の外交官——小西芳之助・恵心流キリスト教』という本があります。『天国の外交官』と共に、この本も小西先生の信仰を後世に伝えるものとなれば、幸いです。

小西芳之助の生涯——恵心流キリスト教の牧師

目次

装丁＝熊谷博人

第一部　生涯

第一章　生い立ち──一高入学まで

のちの高円寺東教会牧師として、「恵心流キリスト教」を唱えた小西（旧姓今西）芳之助は、明治三二（一八九八）年五月三一日、奈良県北葛城郡高田町（現在の大和高田市）新町一丁目一五七〇番地において、父今西宗十郎、母ミネの三男として生まれた。今西家は、江戸時代は代々庄屋を勤めた家柄で、父の今西宗十郎は、高田町会議員、米、木綿、撚糸の取引を行なう株式会社大和米他二品取引所の理事長、高田銀行取締役などを務め、日露戦争の前後、明治三六年から明治四四年までは、高田町長を務めた。また、明治一〇年、明治天皇が奈良県を巡幸された際は、今西家で休息したほどの名家であった。

芳之助は、昭和一〇（一九三五）年一月、奈良県南葛城郡葛村戸毛の小西マサ（伯母）と養子縁組をし、名字が小西に変ったが、それまでは名字は今西であった。生家（今西）は観音経、養家（小西）は阿弥陀経、共に浄土宗の信心を伝えていた。

芳之助は、高田町立片塩小学校を終え、明治四四年旧制奈良県立畝傍（うねび）中学校に入学した。この当時、奈良県に中学校は、奈良中学校、郡山中学校、畝傍中学校の三校しかなかった。

兄弟は、姉ミツ、兄宗一郎、宗次郎がいて、芳之助は、三男の末っ子であった。

姉のミツは、非常に律義で、小学校時代の芳之助は、毎日帰宅すると小学校で学んだことを姉の前で復習させられた。自分のなすべきことを毎日するという習慣は、小学校時代にすでに姉がつけてくれた。

畝傍中学校は、家から六キロほど離れていたが、五年間、毎日歩いて通った。毎日歩いて中学校へ通ったことが、後に芳之助の健康を支える元となった。小学校時代に、姉が毎日復習する習慣をつけてくれたから、中学校時代にも、毎日必ず予習・復習をした。このため、学校の成績は非常に優秀であり、中学校へ通うのが楽しみであった。

しかし、母ミネが、大正三（一九一四）年四月一五日、中学校四年の時、五二歳で亡くなった。四年生の時は病気をしたり、五年生の時には器械体操で骨折して五〇日ほど学校を休んだのでみじめであったが、母が亡くなる四年生の一学期までは、思い出しても楽しく、毎日を愉快に暮らした記憶が残っているという。芳之助の人生で最も愉快な時代は中学校一年から四年までの間であったと思うと後年述懐している。

中学校四年の時、京都で大正天皇即位の大典が行なわれ、各国の使臣の礼装を新聞紙上で見て、自分は将来外交官になろうという決心が生まれた。外交官になりたいという希望は、中学時代の漢文で、孟子の「至誠にして動かざるものはいまだこれあらざるなり」という言葉に非常に打たれたことにもよる。人間は、真心を持って話せば、通じないものはないという一つの信念が与えられ、外交官になって、日本の国の将来のために尽くしたいと考えた。この頃の大きな外交事件として、大正三年に第一次世界大戦が始まり、大正四年一月には中国に対し、二一か条の要求交渉が行われた頃であった。

芳之助の生まれた大和高田市の実家は、日本の仏教の歴史において重要な位置を占める源信（九四二―一〇一七）の生まれた場所から、二キロほど離れた場所であった。源信は、『往生要集』や「横川法語（よかわほうご）」を書き残した天台宗の僧侶であったが、比叡山奥の横川の恵心院という寺におられたため、恵心僧都という方が人口に膾炙している。筆者は、二〇一七年、恵心僧都の生まれた場所に建てられた浄土宗阿日寺（奈良県香芝市良福寺三六一）を訪ねた。二〇一六年が、恵心僧都の没後一〇〇〇年の記念の年であったため、阿日寺では一〇〇〇回忌の供養を行ったということであった。宗教家の生命は永遠であるということを思わされた。

第二章　一高時代

外交官を志望したため、大正五年、一高（第一高等学校）を受験した。その年は合格しなかったが、一年浪人して、大正六（一九一七）年一高に入学した。外国語として英語を中心に学ぶ第一部甲類（英法科）であった。同じ学年には、宮沢俊義、横田正俊、長谷部文雄、川端康成、松本重治、菱沼勇、氷室吉平、三好一夫、山本頼雄、広野捨次郎などがいた。一部甲類の生徒は約八〇名であり、二組に別れていた。この時代の一高の生徒は、卒業すればほとんど無試験のようなことで東京大学に入学できたから、高等学校で学ぶ学科をあまり真剣に勉強する人は少なかったし、成績を気にする人も少なかった。中学では皆最優秀な成績をとった人が多いから、学校内で成績が良いからできる人、成績が悪いからできない人とは考えなかった。授業の大部分はドイツ語と英語であり、毎日英語とドイツ語の授業があった。一高三年間の生活はまず、この二つの外国語の学習時代と言って差し支えない。

芳之助にとって特に思い出の多かったのは、畔柳先生の英語の授業であった。彼は生徒に予習の時図書館に行って、大きなオックスフォード英英辞典を引く事を要求した。小さいテキストで数行しか進まず、組のほとんど全生徒をあて、「その単語の意味は、そのほかにどういう意味があるか」と根ほり、葉ほり聞いて、重い大きな辞書を引いたかどうか調べられた。芳之助は、その当時はいやだったが、それ以来辞書は英和ではもの足りず、英英でないとしっくりしなくなった。畔柳先生に後には感謝している。外国語の外に、国語、漢文、歴史等の授業があったが、中学校で教わった内容より少し程度の高いぐらいのものだったから大したことはなかった。

当時一高は、現在の東京大学農学部の場所にあり、全寮制であった。芳之助は、中寮一〇番の部屋に入寮した。同室の友人には、英法では、笹垣、樋口、独法では、大村、仏法では前田、工科では児玉、山田、農科では中野、医科では、橋本、余語といった人たちと一緒であった。このうち、中野勇の紹介で、英語を習うために小石川福音教会（現在の小石川白山教会）の米国人宣教師ミス・モークを訪ね、大正六年一〇月から同教会の集会に出席することとなった。この時から、没するまで、六三年間続けてキリスト教の集会に毎日曜日出席することになったから、中野勇との出会いが、芳之助の一生の流れの方向を決めることになった。

寮生活で、芳之助は、毎朝早起きで、運動場で賛美歌を歌い、祈禱をしたため、「中寮一〇番は神聖なところ、朝のはよから後光さす」とデカンショ節の替え歌で歌われた。

寮の部屋は毎年変わり、二年の時は中寮七番、三年の時は中寮八番の部屋にいた。中寮七番、八番の時は、笹垣、神原、今西の三人で熱心に教会へ通い、運動場で徹夜して祈り、早朝明るくなって部屋へ帰ったこともあった。

大正七年一〇月、中寮七番在室中、英法の松沢より内村鑑三先生が神田の基督教会館で説教をしていることを教えられ、幸い内村先生の集会が日曜日の午後であったため、一〇月より出席することにした。

ミス・モークとの出会い

一高へ入学した芳之助は、将来外交官になるためには英語の勉強が必要だと考えて、小石川福音教会でバイブル・クラスを開いていたアメリカ人宣教師ミス・モークのバイブル・クラスへ入門した。

ミス・ローラ・モーク（一八八六―一九六二）は、アメリカ福音教会の婦人伝道会から日本に派遣された宣教師であり、一九一四（大正三）年、来日した。ミス・モークの主な活動の場は、福音伝道学校と小石川福音教会のバイブル・クラスであった。ミス・モークは、有名な説教者ムーディが設立したシカゴのムーディ・バイブル・インスティチュートに学び、日本に派遣されたが、大変謙遜で、柔和で、徹底した福音主義のクリスチャンであり、素晴らしい信仰の持ち主であった。芳之助は、英語を学ぶためにミス・モークを訪れたが、彼女の人格に圧倒された。いやキリストに捕らえられた。芳之助が、キリスト教を学んだ最初の教師としてミス・モークに出会ったことは、本当に幸運なことであった。

ミス・モークと学生たち

ミス・モークは、大正六年には満二九歳で、独身の宣教師であり、楚々とした麗人であった。バイブル・クラスに出席していた日本人学生たちは、ミス・モークの英語は分からなくても、彼女の美しさには目を見張っていた。

バイブル・クラスの生徒であった長谷川進一は、当時の思い出を次のように書いている。

大正時代のミス・モーク・バイブル・クラス

長谷川進一

大正時代の後半は、ミス・モーク・バイブル・クラスに、後に牧師になり、教会の柱石となった二人の東大生――今西（後に小西）芳之助、広野捨次郎が入会し、後に七燈塾を起し、戦後日本にクリスチャン・アカデミーを創立した同じ東大生石館守三がやや遅れて加わり、小石川の高台からリバイバル運動が正に起こらんとする上げ潮の時代であった。

私が初めてバイブル・クラスに出席した一九二一年一月頃

は、出席会員は毎回二〇人くらいで、全部男子学生ばかりであった。……

モーク先生は、主として四福音書を講じ、後に使徒行伝、黙示録に及んだ、彼女は全員一人一人の姓名、気質、家庭事情をわきまえ、祈り、手紙を書いた。毎週月曜午後宣教師館で開く月曜会では、広野、今西、篠崎がよく感話を述べ、そのあとみんなで祈った。今西は「神があるというのと、無いというのと、どちらが難しいか。無いというからにはどこにも、ここにもないと証明しなければならないが、在るというのは「ここにある」と示すことが出来るから易しい」と言った。

バイブル・クラスでは、井の頭公園やその他外へよくピクニックに行った。

ミス・モーク・バイブル・クラスの特色といえば、バイブル・クラスにいた人たちの中から、その後牧師になった人が大勢出たことだ。広野捨次郎、小西芳之助、篠崎茂穂、藤田昌直、中上義行、船本坂男、原正夫、田中実、奥田禎一、山添順二などである。

大正九年六月二〇日、芳之助は、一高同室の友人広野捨二郎を、ミス・モークに紹介した。

「モーク先生、これは僕と同室の広野です。広野は。罪人です。しかし救ってほしいと言っとります。非常に煩悶しておりますが、どうか救ってやって下さい」。

「広野、モーク先生に洗いざらいみんな言うてしまわにゃあかんで。遠慮と隠しだてとは、教会の禁物やからなあ」。

「広野は英語がうまいんですから、モーク先生、十分考えを聞いてやって下さい」。今西は、明日の試験が気にかかるらしく、帰って行った。

その後広野捨次郎は、東京帝国大学法学部法律学科を卒業、東京市の社会局に勤めた後、本所緑星教会の牧師になった。

芳之助が、後に早稲田教会の牧師になる篠崎茂穂をキリスト教に誘った時の思い出を、篠崎は次のように書いている。


小西は一高の寮におりました。私は彼の寮に何度か尋ねたことがありますが、私がその近くの赤城下の下宿におりました時、小西は罪のために悩んでいた私のために、小石川白山教会から赤城下の下宿まで雨のそぼふる中を送ってくれました。その途中、罪とは何ぞや、ヨハネ福音書の一章七節にある言葉は何を意味するかを一生懸命話してくれました。赤城下の下宿に着いて「おい、あがれ、お茶を飲んでくれよ」と言うと「いや用事がある。失敬する。さよなら」と帰って行きました。本当に感謝でした。信仰の友を私は学生時代に与えられました。私は信仰の先生と言い信仰の友と言いほんとうに恵まれていたからこそ、今日あるということを痛切に感じます。

島村清吉との出会い

大正七（一九一八）年一月、芳之助は、冬休みで郷里大和高田に帰った時、郡山中学校教師で、仏教浄土門の講義を行なっていた島村清吉と出会う。

島村清吉（一八六三―一九二六）は、堺師範学校を卒業後、明治二七年から大正一五年まで三七年間、奈良県立郡山中学校の教諭として勤めた方である。島村の担任の学科は数学であったが、最初は国語、晩年には、簿記、また一時修身も教授した。

島村は、担任の数学については、計算簡便法、暗算に長じ、天才的な頭脳を有していたと言われるが、一方で、

島村清吉

熱心な浄土真宗の信徒であり、隔週水曜日は自宅で、毎月第一月曜日は高田町樫根逸郎氏の別荘で、第二日曜日は大阪松村氏の自然堂道場で仏教を講義した。このほか、広く講演を行った。島村は、浄土真宗の信徒であったが、単に真宗の教義だけにとどまらず、仏教の知識が極めて広く、また哲学、倫理、道徳に関する講演も多く行なった。

芳之助は、奈良県立畝傍中学校の卒業生であり、中学校時代島村から学んだわけではないが、大正七年一月から、大正一五年一月まで、一高時代、大学時代、並びに社会に出初めの一、二年間にわたり、学校の休暇で高田町に帰省したときなど、島村から仏教の講義を聞いた。

芳之助は、島村清吉との出会いを『島村自責居士語録集』に次のように記している。

私が初めて先生にお目にかかったのは、大正七年一月二一歳の学生時代で、冬休みの時であったように覚えます。樫根逸郎様の奥座敷にて坂本俊英先生にご紹介をして戴いてお目にかかったのであります。その時の話は一七、八年も前のことでお言葉ははっきり記憶いたしませんが、意味は明瞭に頭に残っております。

「キリスト教をお信じですか」。

「はいキリスト教の話を聞いております」。

「キリストの十字架はどういう意味ですか」。

「人を幸福にするためにキリストは十字架にまでかかって、身を捨てられました。私もキリストのような人格者になりたいのであります」。

「あなたは世間の言ういわゆる人格者になりたいのですか、また本当の人格者になりたいのですか」。

「キリストのような人格者になりたいのです」。

「キリストは人格者でなく神格者です。基督教徒がキリストを見るより、仏教徒がキリストを見るほうが大きく見えるのです」。

「人格者になるにはどうすればよいのですか」。

「正直にすればよいのです」。

「先生、正直とはどういうことですか」。

「白いものを白いとし、黒いものを黒いとするのが正直というのです」。


島村清吉の偉大な点は、信仰の深さ、学識の豊かさに加えて、高潔な人格にあった。『島村自責居士語録集』（追憶集）によれば、島村は次のような人格の人であった。

まず言行一致、誠実公平の人であり、温情深厚であり、人に交わるに親切で、義理堅く、謙遜にして礼儀正しく、和気あいあいとした雰囲気を保ち、清廉潔白な人であった。また規律正しく、諸事に几帳面であり、いったん定まったことは、万障を排してこれにたがわないことを努めた人であった。このような謹厳篤実な人格識見と知行合一の生活態度とによって、郡山中学校生徒をはじめ教員や仏典講義の聴講生の尊敬を集め、多くの人に強い感化を及ぼした。

『島村自責居士語録集』から引用する。

（１）島村先生は、罪人であるという意識が非常に強い人であった。

「吾人は、心常に悪を思い、口常に悪を言い、身常に悪を行じて、一点の善もなければ必定無間地獄に堕つべき大悪人なり。信以後もなお大悪人なり」。

「恵心僧都は、『妄念（もうねん）はもとより凡夫の地体（ぢたい）なり。妄念のほかに別に心はなきなり。臨終の時までは一向妄念の凡夫にてあるべきぞと心得て念仏すれば、来迎（らいごう）にあずかりて蓮台（れんだい）に乗ずる時こそ妄念をひるがえしてさとりの心とはなれ』と言われたり」。

（２）島村先生は、救いの唯一の道は念仏であると説かれた。

「今己を省みれば罪業深重にして泣く泣く地獄に堕ちざるべからず。然るに何の幸いか阿弥陀如来は、大声疾呼われ汝を救わんという。その声を聞く者豈に歓喜踊躍せざるを得んや。乃至一念（ないしいちねん）とは、念仏の数に定まりなく、只一声せん者までも皆必ず救わるとなり。成仏ほどの大事を只一声の念仏にてもこれを弁ずることを得るは大いに疑うべきが如しといえども、南無阿弥陀仏の名号の中には、その絶大の功徳を具えるが故に、これを信ずるのみにてすなわち救わるる事を得るなり。唯これを信ずべきのみ」。

「念仏往生の本願と聞きて、これを行ぜんとの一念の信心起るときに往生が定まるというを正義とするなり」。

（３）島村先生は、現世においては、倫理、道徳も強く勧められた。

「平日言行を謹みて、信用を蓄え、芸術を鍛錬して才芸学力を蓄え、もって好機会の至るを待つ。最高尚なるは、道徳においての貯蓄なり。平生逆境に立たざる時に、種々の苦痛を予想して、これに処する準備をなすなり」。

「道徳は、往生のためには無用なれども、社会のためには必要物なり。往生のためには道徳は無関係なり」。

（４）当時東京帝国大学教授井上哲次郎が、「宗教は必要なれども、いまの宗教は未開人の信じたる遺物なれば、今日開明人の信ずべきものにあらず」と論じたことに反論して、次のように述べた。

「彼らはその専門の学科においてこそ学者なれども、専門以外においては、尋常一般の俗人である。かつ彼らは、唯欧米学者の説に心酔するのみにして自己発見したところあるにあらず」。「理学者や文学者にして、仏教を研究したことの無いようなそんな人間が、神仏がないとか、地獄極楽がないとか言いふらしたところで、牛の角に蚊が止まっているほどにも応えない」。

（５）島村先生は、先師の恩を重く見る人であった。

「在家は父母の恩を最も重しとし、師の恩これに次ぐ。出家は師の恩を殊に重しとする旨舎利弗問経に出でたり」。

「歎異抄に『親鸞におきては、只念仏して弥陀に助けられまいらすべしとよき人の仰せを蒙りて信ずる外に別の子細なきなり』とあります。そのよき人とは法然上人です。その法然上人は、源信僧都に従うて往生要集によりて教えを受けられた。その横川の源信僧都は、支那の善導大師から教を伝えてもらわれた。だんだんさかのぼると根元の師匠は釈迦牟尼如来であります」。

小西芳之助は、後年、島村先生の思い出を次のように書いている。

島村先生を憶う

小西芳之助

島村先生と私との関係は、大正七年一月より大正一五年一月までで、すなわち私の旧制高校、大学学生時代、並びに社会へ出初めの一、二年に渉っている。その間、先生は大和、私は遠く離れて東京に大部分居住していたので、先生のお話を承れたのはおよそ三十数回で、それもほとんどは、学校の休暇に高田へ帰省した時高田の樫根逸郎氏の別邸であった。東京では、その頃毎日曜日、内村鑑三先生の聖書講義の席に列していたから、仏教とキリスト教二人の先生を持ったわけである。私はキリスト者の立場からも、島村先生はキリスト教の奥義を体得、躬行された方として崇敬おく能わぬものがある。かのネルソン提督が「私は義務を果たした」と言って艦と運命を共にしたが、島村先生の最後の御病臥中、大正一四年末、渾身の勇を鼓して生徒の学期試験の答案を御採点の時、苦痛甚だしく「このままグラグラとくれば戦死ですな」とそばの吉田元免氏を省みて仰せになったことを、当の吉田氏より承ったが、襟を正す思いである。……

昭和二二年秋、私は会社員をやめて、キリスト教の伝道師となりました。一か月余り郷里高田市の実家におりました。その時赤尾健蔵様のお宅にお伺いした時のお話に「島村先生は仏教とキリスト教とを合わすとよい宗教ができる、と仰せになっていました」とありましたので、私ははじめて聞く事実でございましたので赤尾おじ様に重ねて伺い質しましたら、「先生はそう仰せになりました」とのお答えでありました。私は感銘を受けたものとみえて当時の日記に書いてあります。……

右の先生の仏教とキリスト教を合わせたらよい宗教ができるとの仰せの意味は、仏教にはキリスト教に無い良い物があり、キリスト教にも、仏教に無い良いものがあるという意味であると、私は思います。私はキリスト教についても素人の域を脱せず、仏教については島村先生について数十回の講義を聞かせて頂きまして、真宗の信心について教えて頂きました。幸いにキリスト教についても、内村鑑三先生より、大正七年秋より大正一二年三月まで、大体毎日曜日に先生の聖書講義を聞くことができて、キリスト教信仰を学ぶことができました。

右の二つの教えの私の理解より、最も良いものを一つずつ挙げよと言わるれば、仏教では称名（しょうみょう）であり、キリスト教では、神が自分に与えてくれた仕事をなすことであると思うのであります。この二つとも島村先生は見事に実行して我らに良い手本を残してくださいました。私は島村先生こそ仏教とキリスト教の粋をあわせ持たれた最初の方であると思うのであります。

先生は弟子の一人である赤尾おじ様に、「仏教とキリスト教を合わせたらよい宗教ができる」とのお言葉をお残しになったまま、その新宗教の元祖の名誉を後から来るものにお譲りになった。あたかも日本における浄土門の元祖を源信が源空にお譲りになったようなものであると思うのであります。これらの先生の遺稿により、われらの子孫の内より、この新宗教の元祖たる名誉を荷うものが出ることを信じ、これを期待して私の文を終わります。

（一九七四・七・三〇　東京高円寺に於て　導源小西芳之助記）

芳之助の受洗

大正七（一九一八）年、小石川福音教会は、新会堂建築を完成した。当時の東京の教会の中でも、相当大きな建物で、三〇〇人以上の会衆をゆっくり入れることができた。この会堂落成感謝のために、五月、記念特別伝道会が開かれた。この時の特別伝道は、二日、三日というのでなく、一〇日間続いた。講師は、東洋宣教会・日本ホーリネス教会の中田重治であった。中田重治は、日本ホーリネス教会の監督となり、日本伝道において急速な教会発展を遂げていた。

中田重治の説教は、まさに聖霊によるものであった。罪を責め、キリストの十字架を説き、聖霊の潔(きよ)めに及ぶと熱弁をふるった。芳之助は、この集会中に、キリストの救いに入れられた喜びの余り講壇の前に出て、喜びと感謝を述べたという。そして芳之助は、大正七年六月二日、小石川白山教会万木(よろぎ)源次郎牧師から洗礼を受けた。

内村鑑三の聖書講義に出席

芳之助は、大正七年一〇月から、内村鑑三の聖書講義に出席するようになった。

この年、内村鑑三は、中田重治、木村清松と共に、神田美土代町の東京基督教青年会館において、キリスト再臨講演会を始めていた。内村は同年九月から、柏木の今井館で行なっていた聖書研究会を神田の基督教青年会館に移したが、この時芳之助は入門した。

一高二年生の大正七年一〇月から、東大卒業の大正一二年三月までは、毎日曜日、小石川福音教会のミス・モークのバイブル・クラス（午前九時から一〇時）に出席した後、特別なことがない限り、神田美土代町、後に大手町で開かれていた内村鑑三の聖書研究会に毎回出席した。

大正八年六月、東京基督教青年会理事会が、神田の基督教青年会館を、無教会を主張する内村鑑三の聖書研究会に使用させないという決議をしたため、内村は、講演会場を大手町の大日本私立衛生会館講堂に移した。内村は、この時以降、「再臨の伝道」から離れ、十字架の信仰に天国の希望を加えて、生涯を飾る盛んな講演活動に入ることになる。

この時期、内村が講解した内容は次の通りである。大手町で、モーセの十戒、ダニエル書講義、ヨブ記講義を経て、大正一〇年一月から一一年一〇月までは、一年一〇か月六〇回にわたって、ロマ書の講義を行なった。大正一二年九月には、関東大震災が起き、私立衛生会館講堂が焼失したため、聖書研究会の会場は、柏木の今井館講堂に戻った。芳之助が内村鑑三の聖書講義に出席したのは、主に大手町講演時代ということになる。

大手町のロマ書講義の模様は、次のようであった。

この講演を聞こうとして、毎回六百人内外、時には七百人をこえる聴衆が集った。彼らはすべての階級を網羅し、キリスト教各派の信者、教会以外の信者、また自ら信者と称せざる者、また仏教の僧さえもそのうちに見えた。実に日本にキリスト教が伝えられて以来、未だかつて見たことのない聴衆であった。その中には、宇都宮、名古屋から毎回列席した者さえあった程で、その熱心さは驚くべきものがあった。その聴衆が粛然と内村鑑三の口からもれる言葉は一語も聞きもらすまいと聞き入る光景は、まことに壮観のきわみであった。こうしてこの講演は、内村鑑三と聴講者の期待にたがわぬ大講演となった。

（山本泰次郎「解説」角川文庫版『ロマ書の研究』上巻）

内村鑑三の『羅馬書の研究』の序文中に、「余はここに、過去六年の間余の講演の席につらなり、直接に間接にこの聖業に参加せられし多数の聴講者諸君に、心よりの敬愛を表す」とあるが、芳之助は、内村鑑三より心よりの敬愛を表された聴講生の一人であったことを、誇りをもって、高円寺東教会の説教の中で、何度か話したことがある。

とりわけ、大正一〇年五月一五日の日曜日のロマ書第三章二一節の講義が、芳之助にとって終生忘れることのできないものとなった。芳之助は、その日のことを『同志会会報』第五四号に次のように書いている。

内村鑑三（中央）、中田重治（左）、木村清松（右）
（1918 年頃）

わが信仰における体験

小西芳之助

内村鑑三の大正一〇年（一九二一年）五月一五日の日記に、「愁ひの雨は夜の間にはれて新緑輝く美はしき涼しき初夏の聖日であった。中央聖書講演会常時に変らざる盛会であった。黒崎と講壇を共にし同じ問題について語った。ロマ書第三章二一節がこの日の研究の題目であった。「しかし今律法を全然離れて神の義は顕はれたり。しかして律法と預言者とは之が証明をなせり」というパウロの福音の真髄について語った。自分ながらに非常に愉快であった。この福音をこの日この所において唱えて、余の生涯の目的が達せられたように感じた。何をなさずともこの福音だけは唱へずに居られない。人生何事か之に勝るの快事あらんやである。大感謝である」とある。

この大正一〇年五月一五日朝八時半過ぎ、私は同志会を出て、小石川福音教会（現在の白山教会）のモーク先生のバイブル・クラスに出席した。一〇時に同バイブル・クラスを終って、いつもの如く直ちに、大手町の内村先生の中央聖書講演会に足を運んだ。表門は一〇時にしまるが、裏門より入る。黒崎さんのお話が終わった頃である。続いて一同讃美歌を歌って、いつもの如く、内村先生が祈りをもって始められ、ロマ書三章二一節の講解説教をなさった。内容は先生の『ロマ書の研究』の「第一七講　神の義（一）第三章二一節の研究」に載っている。

その講演の中で、私の心を深く打って、終生忘れることのできないことは、左の通りである。

旧い訳の聖句の初めの「今律法の外に神の人を義とし給うことは顕われて」の「律法の外に」を「律法道徳と全然無関係に」と話されたとき、「無関係に」という御言葉が心の底に染み付きました。そうだ、私の律法道徳の生活と無関係に、神は私を義となし給うのだとわかりました。それ以後今日まで四七年間、これが私の福音理解の根底をなしております。

これは私にとって、一生忘るべからざる体験であります。私はこれをよく人に語ります。……そして私は旧制高等学校学生時代に伝道師たらんことを決心しました。父親に反対されたために大学は法学部に進み、同志会に入会を許され、そのためこの内村先生の講演を聞くことを許された。もし父親の反対を押し切って神学校に行っておったならば、小さい神学者になれたかも知れませんけれど、この内村先生の講演を聞けなかったかも知れません。

誠に人の一生の歩みというものは不思議というべく、神が導き給うという外に説明ができないのではあるまいか。

大正七年九月から一二年三月まで、毎日曜日内村鑑三の聖書講義を聞き、芳之助の信仰は確立した。内村鑑三は、芳之助の生涯の恩師となった。後年、牧師になって、芳之助の説教は毎回聖書の講解説教であったし、説教の中で、内村鑑三はこう言った、こう書いている、という言葉を毎回のように語った。内村鑑三が聖霊を重んじたように、芳之助も、聖霊を重んじた。

大正一〇年の一〇月から一一年の九月まで、内村鑑三の弟子の黒崎幸吉編集、畔上賢造発行人で、『霊交』という小さい雑誌が発行されたことがあった。芳之助は、この雑誌にしばしば投稿を行ない、五回短い文章が掲載されたことがある。大正一一年三月発行の第六号には、次の文章が掲載された。

信仰

今西芳之助

ポーロの信仰と内村先生の信仰と私の信仰と同じである感謝。

僭越か狂か暴かはたまた世界最大の伝道者の名を自分と同列とするとは。然しよく味わえば、味わうほど有難いのである。もしイエスの福音（ヨハネ伝三章一六節、コリント前書一章三〇節）が真実とすれば余輩の見解は正当である。而してイエスの福音が真実とすればとの前提は私には問題にならぬ。なるほど徳や学識や能力や事蹟においては大差あらん、しかし感謝である。両先生が神の子たるを得られたるはただイエス・キリストを救い主として受けられたによる。主は私の凡てであり給うように両先生の凡てであり給う。両先生が父の前に立ち給うときには人格や事業や学識を以て立たるるにあらずして主イエス・キリストを着て立たるのである。私が彼を着て立つのと少しも変わらないのである。何等の神の賜物ぞ。之をもしも福音と言わずば何をか福音と言わん。

予輩はこのほか何事も言い得ず実に主は我が歌我が喜否我が凡てであり給う（一九二二・一・二六午前）。

一高時代に、ミス・モーク、島村清吉、内村鑑三に出会ったことが、その後の芳之助の信仰の骨格を形作った。特に内村鑑三のロマ書の講解説教により、芳之助のキリスト教信仰が決まった。

大正九年、一高卒業の時、燕楽軒という料理屋で英法科だけの卒業茶話会が開かれたが、その時、芳之助は「君たちは将来、学者、政治家、実業家等として活躍されるだろうが、私はキリスト教の伝道者となりたい」と話した。

第三章　大学時代

大正九（一九二〇）年九月、東京帝国大学法学部政治学科に入学した。一高時代の外交官になりたいという希望は今や、天国の外交官・牧師になりたいという希望に変わっていたが、父親が牧師になることに反対したので、法学部に進学した。大正八年に学制の改革があり、それまで四年制であった大学が、三年に短縮されていた。

同志会に入寮

芳之助は、大学時代は、本郷西片町にある東京大学のキリスト者学生寮である同志会に入寮した。同志会は、明治三五年、阪井徳太郎によって本郷根津に建設された学生キリスト者のための寮である。大正五年、寮は西片町に移った。

同志会の創立者の阪井徳太郎（一八六九―一九五九）は、学生時代は苦学力行して立教大学院を卒業、アメリカにわたりホバート大学、聖公会のエピスコパル神学校およびハーバード大学に学んだ。一八九八年、聖職の按手を受けた。日本にもハーバード大学の寮のようなキリスト教精神に満ちた学生寮を作りたいと決意したところ、アメリカの富豪の知遇と寄付を受け、明治三五（一九〇二）年、東大裏の根津に同志会寮を設立した。阪井徳太郎は英語が非常によくでき、かつ物事の段取りが非常にてきぱきとできる人であったので、その後、日露戦争の終結を取り決めたポーツマス条約に先立ち、金子堅太郎の随員となり活躍した。また小村寿太郎外務大臣、牧野伸顕外務大臣、桂太郎総理大臣の秘書官を務めた。大正三年、三井合名会社の重役待遇の秘書課長、調査課長として抜擢され、後には団琢磨理事長時代の三井合名の重役として活躍した。

阪井徳太郎が定めた同志会の綱領には、「我等は基督教の主義に基き、東京大学学生中品性を修養し、知性を啓発して基督教的人格を作らんとする同志を以て成り、この目的のために清高和楽なる家庭を組織するものなり」とあり、また寮生には、「スリー・ミニマム・デューティーズ」、すなわち毎朝の祈禱会、金曜会、日曜礼拝の三つの義務を守るという規約を定めた。

芳之助は、朝礼は第二鈴と共にチャペルに行って、司会者の祈りや聖書朗読を聞いた。金曜会の思い出によれば、阪井会長の話は主にキリスト教道徳の話であり、努力奮闘の勧めであった。

同期生には、菊井維大、工藤鉄太郎、橋本耕三、横田巌、渡辺武等がいた。

すでにミス・モーク、内村鑑三からキリスト教を学んでいた芳之助が、同志会に入り、同志会で日夜キリスト教精神を学んだ事は、その後の人生にとって、極めて大きな意義を持つものであった。

橋本耕三のこと

同期で入寮した中に橋本耕三がいた。彼は八高の独法を首席で卒業、芳之助の隣の部屋に住み、芳之助は非常に感化を受けた。橋本は大阪尼崎の出身で、福音的信仰の持ち主であった。大正一四年、司法官任官前に結核のため急逝した。彼がもし健康を与えられていたなら、どれほど司法界で大きな働きをしたことであろう、またそれ以上に信仰のことにおいてどれほど大なる感化を人に与えただろうと思うと、芳之助は、追憶の文章を書いている。

大正一四年四月、瀕死の病床にある橋本を訪ねた時、「今西君も実業界へ行くのだそうだね」と寂しく話したのを忘れることができなかった。「お前は、名前も捨てて伝道界に出ると思っていたが、やはり俗人となり、実業界に出るのか。自分は寂しい」と彼の眼が語っていた。芳之助は、晩年になっても、涙なくして彼のことを思い出すことができなかった。

石館守三との出会い

大正一一年四月、石館守三が、仙台の第二高等学校を卒業して東京帝国大学医学部に入り、同志会に入寮してきた。この時、石館守三はクリスチャンではなかったが、友人の紹介で同志会に入った。芳之助は大学三年生、石館守三は一年生であった。芳之助は法学、石館は薬学、それぞれ大阪弁と東北弁の持ち主、普通なら相まみえることも難しい境遇にあったが、同志会でのわずか一年の出会いが、後に不思議な縁として展開することになる。

同志会の毎日の朝拝と金曜日ごとの祈禱会、日曜の教会出席は、寮生の三つの義務だったが、これを完全に実行したのは、芳之助ぐらいであった。芳之助は、石館守三をまず小石川福音教会のミス・モークのバイブル・クラスに、また同時に大手町の内村鑑三の聖書講解に連れて行った。石館守三は、後に、東京大学医学部教授、初代薬学部長となり、退官後も社会的に非常に大きな働きをすることになる。

第四章　安田信託時代

大学卒業

芳之助は、中学校四年生の時から外交官になりたいと思っていた。一高一部甲類（英法科）を志望したのもそのためであった。しかし高等学校三年の生活は、芳之助の志望をすっかり変えた。一高卒業の時には、牧師になろうと考えていたが、父が反対した。

大正一二（一九二三）年三月、東京帝国大学法学部政治学科を卒業した。

四月から一〇月まで、学資を得るため、臨時に、静岡中学校教師嘱託を務めた。

大正一三年一月、補充兵として徴集されたが、二月、目が悪いため兵役免除となった。

東大法学部卒業の間際に、何か世俗的な職業を選んで信仰を鍛えたいという心が起こり、そのためには高文（高等文官試験）を取っておけばよいと考え、受験した。卒業の翌年、大正一三年一一月に高等文官試験行政科に合格したが、役所には就職しなかった。

共済信託（安田信託）に就職

大正一四年五月、入社選考を補欠で通過して、共済信託株式会社（大正一五年には、安田信託と名称変更）に就職した。

安田信託に採用されたことについて、紹介者であった当時の大蔵省銀行局長松本氏、保全社専務理事結城氏の御厚意を忘れない、と芳之助は書いている。共済信託の創立に志立鐵次郎氏が関係していたので、誰が紹介したか、志立鐵次郎氏を一、二度訪問した。また採用されたことを報告に行った際は、タキ夫人にも会った。

共済信託は、大正一一年に信託法が制定され、それに伴う事業を行うために作られた新会社であった。社長は、安田善次郎、大正一四年五月九日（設立総会）に設立された。本社は、大阪市東区高麗橋三丁目一三番地にあった安田銀行大阪支店の隣りであった。芳之助の入社は、五月五日で、五月一二日から出社したから、真に安田信託創設時の採用者であった。

安田信託に入社したものの、大正一五年六月には、会社を辞める決心をして、会社を休んだ。自分はこの仕事では、大を成すことができないと思ったためである。病気療養中の父親の宗十郎に話したところ、父は非常に怒って、次のように言った。

「お前のような正直者は、一〇年も二〇年もすれば必ず役に立つ人物になれるから、辛抱してやれ。また外交に出されるようなことがあったら、お前の会社の信用でやるのだから、心配せず、恐れずやれ」。

非常に味わうべき言葉だが、芳之助は、当時はその意味が解らなかった。父は、その当時胃がんを患っており症状は重かった。病気の父の意思に反して退社を決行するのにちゅうちょして、父の死ぬまで退社を延期し、「それではお父さんの言うとおりに、引き続き安田信託にいることにします」と答え、生ける屍のように勤務した。

大正一五年九月一〇日、父が死んだ。葬儀も済み、いよいよ安田信託を辞める辞表を上司に提出して京都へ行った。親族が一堂集まって、芳之助に会社に引き返すよう勧めた。従妹の婿で大阪の木綿問屋の小西宗次氏が京都に来て、会ってくれて、

一、必ず将来は安田信託において相当な人間になれる。

二、職業宗教家となるよりも、俗人として宗教を信ずるほうが一段と味があるのではないか。

三、父の死後直ちに方向転換をやるのは、父の遺志に反し、親不幸となりはせぬか。の三つの点を挙げて、安田信託復帰を勧めた。芳之助は、第一の点に非常に動かされて復帰することになった。上司の中西次郎氏が間に入って、よい方向に図ってくれた。

志立フジノと結婚

安田信託に復帰して翌昭和二年五月に、志立金彌五女の志立フジノと結婚した。大阪の築港福音教会において、林近牧師の司式、東京より駆けつけてくれたモーク先生のバイブル・クラスの親友広野捨次郎の司会により、結婚式が行われた。

フジノの父志立金彌は、島根県の士族の出で、二人の男子と七人の娘がいた。志立金彌の弟が志立鐵次郎で、日本興業銀行頭取を務めた人で、住友銀行の設立者でもあった。その妻タキは、福沢諭吉の四女であり、芳之助が共済信託の入社決定のあいさつに志立鐵次郎に会いに行った時、妻のタキさんにも会ったと追想にあるから、タキ夫人が、自分の従妹に当たるフジノをクリスチャンの芳之助の妻として勧めたのだと思われる。

昭和三年一一月、長男伝一が生まれた。

昭和五年末より、芳之助は肋膜肺炎にかかり、会社を六か月休んだ。

昭和七年五月、次男順二が生まれた。

昭和九年再び肺炎にかかった。高熱があるのに無理して出社したため、重態になり、危険な状態が続いたが、九死に一生を得た。この時は五か月会社を休んだ。

昭和一一年一月、長女スワコが生まれた。

フジノは、誠に温かい典型的な信仰女性であり、麗しい家庭を築いた。伝一、順二、スワコが次々に生まれ、聖日には親子そろって教会に出席するというクリスチャン・ホームであった。

小西家を継ぐ

昭和一〇年一月、実家と古くから深い関係にある小西家を継ぐことになり、家族とともに入籍した。

小西家は、父の姉マサの嫁ぎ先で、子供が死んだため、芳之助が養子として行き、家を継いだ。養母は一六、七歳で小西家へ嫁ぎ、子供は数人いたが幼少のうちに亡くし、弟を養子にもらった。その養子も明治四〇年代に九州の炭鉱に投資をしたがうまくゆかず、病気で亡くなった。養父は養子が死んでからは、芳之助に目をつけ、一高時代から、「家を頼む」と言っていた。それがいよいよ昭和一〇年一月に実現したのである。小西家は浄土宗の家で、芳之助は、自分が浄土門の信心の話を興味を持って聞くことができるのは、先祖代々の信心のお蔭であるような気がすると書いている。

昭和一〇年三月、大阪支店出納係主任の辞令をもらった。上司が、「小西君、辞令が来たよ」と言って、いかにも自分の子供が昇進したような喜びをもって辞令を渡してくれたので、芳之助は大きな喜びを感じた。

昭和一〇年九月から、毎日一つずつ株式会社の調査を、『ダイヤモンド日報』によって仕事の暇々にやることにした。『ダイヤモンド日報』の記事から抜き書きして、最後に同社『ポケット会社要覧』による記事を付け加えた。一日に一枚できたが、年末には一〇〇頁一冊ができ「会社研究第一巻自昭和一〇年九月至同年一二月」として整理し、正月三日にはその目録をつけたが、非常にうれしかった。一二月には、自分の勧誘で信託預金二口ができて、喜んだ。

大阪築港福音教会に所属

大阪時代は、大阪築港福音教会（現在の日本基督教団大阪九條教会）に所属した。築港福音教会は、母教会である小石川福音教会と同じ教派であった。

昭和三年の頃、奥田禎一が中学生として築港教会で芳之助から英語やキリスト教について教えを受け、その後青山学院神学部に進学し、モーク先生のバイブル・クラスで学び、昭和一一年には、伝道師として赴任した。芳之助は、奥田伝道師に月に一回、聖日の講壇で話をさせてほしいと申し出て、毎月第四日曜日に講壇を受け持つことになった。内村鑑三の『ロマ書講義』をテキストにして、ロマ書第一章から順を追って話した。昭和一七年四月、福岡に転勤するまで約七年間ロマ書を講義した。キリストの十字架と復活の信仰、天国を仰ぎ望む信仰を徹底的に説いた。講壇の上で手を振り上げ、汗を流して力を込めて、福音を説いた。芳之助は、生涯に何度もロマ書の講解を行っているが、第一回は築港福音教会におけるものだった。

教会役員の奉仕として、教会会計係を務めた。バイブル・クラスでは、宣教師バーナー・S・ハッラー女史の通訳をして喜ばれた。また、バイブル・クラスに集う青年たちによく、札幌農学校のクラーク博士の「ボーイズ・ビー・アンビシャス」の言葉を話して、励ましたという。

四明会に入会

昭和二年秋、芳之助は四明会に入会した。四明会は大正一三年、大阪商科大学教授河本脩三によって始められた会で、理想の生活を現実の内に見出す努力をすることをモットーにした会であった。河本脩三は、修身の先生で、修身の理想を四明会生活の現実の内に見出そうとした。昭和二七年八月に亡くなったが、四明会は、その後も毎月一回懇談会が持たれ、五〇年以上も継続した。芳之助は、大阪時代、東京時代を通じ、熱心な会員の一人であった。

芳之助は、「四明会は出席することに意義がある」と言って、万難を排して出席した。小西は、昭和一三年六月発行の『四明会報』第二七号に次のような文章を載せている。

行としての四明会例会

小西芳之助

四明会精神を悟得するには如何にすべきか。予は四明会例会出席を以って、行の第一に挙げたい。四明会は、河本先生の精神のひとつの具体的発展である。先生を解せずして、四明会は分からない。先生を解するには、先生に接するにしくはない。吾等会員は、先生に接する機会乏し。唯月一回例会あるありて、赤裸々なる先生の言行に接するを得。先生もつとめて全人を打ち出すにつとめて居られる。吾等この機会をとらえずして、如何にして、四明会を解せんとするや。

行を行ずるには忍従を要する。善は行ずるに勇気を要し、悪は行ずるに易し。始めより行じ易きものにして善なるもの絶無と言わざるも少なし。始めより熱心なれるものにして善なるもの少し。一〇年ぐらいして全身より熱心の生じ来たる如きもの、本物に近きか。

四明会例会も、また出席者に取りて始めより心よきものにあらざる場合あらん。然れどもこれを続けること一〇年せば、必ずそこに言語に表わし得ざる妙味生ぜん。予も本年（昭和一二年）一二月を以って例会出席一〇周年を迎えんとする者なるが、すこしく例会の妙味を解するを得始めたるごとく思う。

芳之助には、この世の務めをきちんと果たすという四明会で学んだ思想が、身についた。

福岡に転勤

昭和一七年二月、芳之助は、安田信託福岡支店支配人代理として転勤した。

福岡には、昭和二一年九月大阪支店調査役として大阪に戻るまで、約四年半住んだ。

ミス・モークのバイブル・クラスで一緒だった篠崎茂穂が、終戦の一年ほど前、福岡の小西を訪ねた時のエピソードを次のように記している。

終戦一年ほど前の秋、文部省は二泊三日の時局講演会を奈良の樫原神宮で開催した。講師は大本営の某情報官だった。ここでは、次の三点が強調された。（一）日本歴史と国体、（二）日本人の食事、（三）天皇制。特に欽定憲法が示す天皇は、「万世一系」で、「神聖不可侵」の現人神であることが強調された。

ここにおいて僕はロマ書三章一〇節の「義人はいない、一人もいない」の御言に照らし、前述の憲法上の言葉を如何に解釈しておくべきかが問題になって来たが、この解決の道は、法科卒の小西君に求めるに如かずと思い、帰途福岡に彼を尋ねることにした。当時物資不足の折から不意の泊り客は大いに迷惑なことと知りつつの訪問であった。ところが一家を挙げて歓迎してくれた小西君は、「きょうは思いがけない牛肉が手に入ったから」とすき焼きの御馳走をしてくれたが、食事中少々声を大にして、「これはうまい、天国の食卓のようだ」と言った。全く楽しい有難い食事であった。食後二階の一室に行き、前述の問題を話し彼の回答を求めた。彼は淡々と話してくれたが、要約すれば、罪の問題に関わる天皇の神聖不可侵と聖書の御言とは全く次元を異にするので、返答不可能だとしたらよいだろうと教えてくれた。

福岡聖書研究会発行の『祈りの花輪――福岡聖書研究会四〇年史』に、芳之助は、次のような文章を寄せている。

私たち夫婦子供三人は、昭和一七年春より昭和二一年秋まで集まりに出させていただきました。大分前のことですが懐かしい思い出となっております。

田中謙治御夫妻、松尾逸郎御夫妻、松田公義兄、松尾春雄夫妻、大塚耕吉夫妻、山下次郎兄などとともに、毎日曜の集まりをもたせて頂きました。

会の初めの聖句の暗唱には英語で致しましたことを、よく思い出しております。私たちのお世話になっておる間に矢内原先生が数回お見え頂いたことを思い出します。また金澤常雄夫人御父上様が満洲へいらっしゃる途中御寄りになって御感話を拝聴したこともよい記念でございました。昭和二一年秋福岡を去る直前、同年春、先妻フジノが膵臓がんにて急遽召されたとき（四一歳）には、皆様に大変にお世話掛けました。ちょうど二五年前のことですが、昨日の如く記憶に新たであります。……

前記の如く彼女とあしかけ五年間、集まりに出席させて頂きましたから、自分の家内の思い出で適当でないかもしれませんが、一寸申し上げます。

彼女は召される前日、私並びに子供三人を枕許に呼び、「自分は召されますから、子供たちはよく父の教えを聞いてキリストを信じて天国へ来てください、お待ちしております」と、はっきり話しました。

彼女は昭和二年五月、私と結婚します数日前、大阪築港福音教会で洗礼を受け、数日後その教会で結婚式を致しました。彼女は姉の斉藤ひでの姉より『一日一生』をもらって来ました。その本を数十年にわたって二人で読みました。その本は今、末の娘のスワコが持っております。彼女の書き残した歌に

「五月の日　薫風かほる青葉かげ　神の御国の園を偲ぶも」。

彼女は、五月一二日に生まれ、五月一九日に洗礼を受け、五月二一日に私と結婚し、五月一九日に召されました。

五月の日は彼女にとって忘れられないのでありましょう。

福岡在勤時代に、日本は太平洋戦争を拡大し、日本全国一一三の都市が空襲を受けた。福岡も、昭和二〇年六月一九日から二〇日にかけて、大空襲を受け、市内中心部が焼失した。約九〇〇人の市民が死んだ。

第五章　高円寺東教会設立の頃

昭和二一（一九四六）年九月、芳之助は、安田信託大阪支店調査役として大阪に戻った。翌昭和二二年七月には、安田信託の関連会社、第一木材株式会社の取締役に就任、東京勤務となった。当時は戦後間もない時で、東京中が空襲で焼かれ、住むところに難渋したが、文京区西片町の同志会は東大の近くであったため、空襲から逃れていた。そこで八月四日、上京し、同志会に一時の居を定め新会社の仕事を始めた。

九月七日の朝、同志会において、夢うつつに伝道者となる決心が与えられた。その日、戦争中の抑留から解かれ石館守三邸に仮住まいをしていたミス・モークに話したところ大いに激励された。

九月一〇日には、昭和二一年二月より同志会理事長に就任していた石館守三に話し、石館もこれを喜んだ。そこで同日、安田信託社長にも話し、第一木材株式会社の退社が決まった。九月一二日には、同志会の金曜会で送別会を開いてくれた。金澤常雄、杉原剛に続き、同志会出身で三人目の伝道者の誕生であった。

九月一四日早朝、同志会を出立した。その時同志会内会員の山口良二が玄関の黒板に、「小西先輩の旅路一路平安を祈る」と書いた。これに対し芳之助は、「たとい一文不知の尼入道なりというとも、後世を知るものを知者とす」という蓮如上人の言葉を書いた。

石館守三との再会

このたち小西芳之助と深い関係を結ぶ石館守三のことを記しておく。

石館守三は、学生時代、芳之助によって内村鑑三とミス・モークの集まりに連れて行かれた。大正一四年、矢内原忠雄が東京帝国大学聖書研究会を発足させたときは、その創立期からのメンバーとなった。東京帝国大学医学部を卒業後は、朝比奈泰教授に師事し、昭和六年樟脳からビタカンファーを抽出、昭和一一年ドイツへ留学、昭和一七年東京帝国大学教授（薬品分析化学講座担当）、昭和一八年帝国学士院賞受賞など、輝かしい生涯が始まっていた。小石川白山教会長老となり、昭和一八年には、白山教会の宣教師が戦争のため帰国したので、旧宣教師館を取得、そこに学生寮七燈塾を開設した。二〇年八月には、太平洋戦争中もアメリカへ帰らず、日本に在留し抑留されていたミス・モークを自宅に引き受け、共に住み、小石川白山教会の藤田昌直牧師夫妻も自宅に住まわせていた。また小石川白山教会が空襲で焼けて建物が存在しなかったので、高円寺の自宅を白山教会の会場として提供していた。また、昭和二一年三月には、同志会の理事長となった。この学生寮の理事長職は、この先昭和五七年まで三七年間も務めることとなる。この頃、石館はハンセン病の特効薬プロミンを試作しており、昭和二一年には多磨全生園の患者に投与し、著しい効果があることが分かった頃である。

本所緑星教会の牧会

小西は、昭和二二年三月から、広野捨次郎が牧会を務めていた本所緑星教会の信徒伝道師となった。

広野捨次郎は、小西と一高英法科のクラスメートであったが、芳之助がミス・モークの所に連れて行ってキリスト教に入信し、大学卒業後は、東京都に数年勤めたあと、牧師となり、本所緑星教会の牧師を務めていた。昭和一六年基督教諸教派の合同により、日本基督教団が発足した時、教団総会の書記として重要な役割を果たした。昭和二〇年三月一〇日の江東地区の大空襲の際、迷っている人を連れてくると言いおいて、煙の中に愛息と共に再び突入して、帰らなかった。芳之助は、広野の弔い合戦をやるんだと、無牧となった本所緑星教会の伝道師として牧会に従事した。教会は空襲で焼失していたため、最初の礼拝は、駒込の教会員松野氏の自宅でもたれ、そこで初めて説教をした。教団の牧師資格を得ていなかったため、主任担任牧師はドクター・メーヤーであった。ミス・モークは、毎日曜日夜、バイブル・クラスを開いて小西を応援した。家族も、疎開先の奈良県から上京し、コンセット・ハット（進駐軍のかまぼこ兵舎）の会堂の三分の一の広さの牧師館に住んだ。

この頃は、キリスト教ブームで、教会へ来る人が多く、高校生等も相当の人数が来た。芳之助の次男の順二は、昭和二三年五月にドクター・メーヤーから受洗した。後に牧師になった順二にとって、本所緑星教会は、青年時代に信仰の養いを受けた教会として、生涯忘れ得ない、いくら感謝してもしつくせない教会であった。

小西は、まだ牧師の資格を持っておらず、信仰的には学生時代に教えを受けた内村鑑三の影響を受けており、郷里で仏教浄土門の教えを受けて、日本人の心情にあったキリスト教を指向していた。このため、説教も教会の伝統的なやり方にとらわれず、内村鑑三を語り、浄土念仏を語り、熱すれば、炭坑節の替え歌を歌った。それだけに、本所緑星教会の運営面で色々な摩擦が起き、小西排除の動きが表面化した。ことに、従来からの信徒たちが、これから教会形成をしていこうとする時に当たって、無教会主義では将来の教会の体質に不安を与えると思うようになり、役員会で、今のうちに交替して頂いた方が良いのではないかという結論に達した。役員会の結論を代表が小西に伝えた時、小西は、「ああそうですか、わかりました」と言っただけで一切弁明せず頭を下げた。昭和二三年の九月のことであった。

志津の家庭集会が始まる

昭和二三年一〇月頃、千葉県佐倉市志津の佐藤武兄弟の家における家庭集会が、小西芳之助によって持たれるようになった。この家庭集会は、農村伝道神学校の遠藤先生という方によって始められ、早稲田大学教授の酒枝義旗が引き継いでいた集会であるが、小西が引き継いだ。志津の家庭集会は、毎月最終木曜日の夜開かれ、小西は一泊で出かけた。

小西芳之助、美江夫人と志津家庭集会の佐藤武、れん夫妻

説教の前には、くつろいだ平服を脱ぎ、きちんとした服装に改め、正座して講義した。「内村先生もこのようにして講義されたから僕もやる」と言って最後まで続けた。

志津の家庭集会への小西の出席は、昭和五三年九月まで、三一年間続いた。

高円寺東教会の創立

本所緑星教会での伝道を断られた小西芳之助は、同志会時代の友人石館守三に、高円寺の屋敷の一隅に教会を開かせてほしいという願いを話した。石館守三は、ちゅうちょなく賛同した。本所緑星教会から小西と共に移って来た八木英次郎が建設費用を負担し、バラック建ての牧師館が建てられた。教会の会堂は、まだなかった。

昭和二四年三月一三日、高円寺独立伝道所として発足した。教会の発足に当たっては、小石川白山教会の長老としての役を離れ転会した石館守三東大教授のほかに、鷺宮の集会を解散して集会ぐるみ移って来た早稲田大学教授酒枝義旗とその同志などの協力があった。

最初の礼拝は牧師館で持たれた。石館守三の司会、酒枝義旗「真の教会について」、小西芳之助「本教会の性格」がこの日の説教題であった。三人が、真に原始キリスト教会におけると同じようなエクレシアを、敗戦の焦土の上に築こうと、志を一つにして手を取り合って作ったのが、この小さな伝道所であった。

酒枝義旗は、「真の教会とは信者が集まり、イスラエルの幕屋にたとえられる。外見は粗末でも、うちには神の契約の箱が置かれている。イエスによる神の契約を信ずる事において一つになって進めば、それこそ真の教会である」と話した。小西は、「この教会の性格は、主の十字架上の愛の犠牲に対する感謝と喜び、永遠の国に対する不断の希望、ただこのことのみに共通点を持つ人々の集団である」と話した。

三月二〇日の説教題は、「ロマ書」であった。小西は内村鑑三の『ロマ書の研究』の序文を読んで思うこととして、神は急ぎ給わぬこと、内村先生がロマ書の講義をすることを待ちに待ち、機会が来るまで四〇年を要したこと、パウロもダマスコの奇跡の後一〇年は何をしていたかわからないこと、神は悠々とその計画を進める、焦るのは人間の思いだ、と説教をした。

引き続き、牧師館の献堂式が行われた。メーヤー宣教師、石原謙が列席し、祝辞を述べた。当分は牧師館を会堂として集会を開くこととした。

三月二七日礼拝後の午後、内村鑑三先生記念講演会が石館家の二階で開かれた。演題と講師は、「内村先生と藤井先生」(酒枝義旗)、「内村鑑三と今日の日本」(金澤常雄)、「先生の最もお喜びになること」(小西芳之助)であった。

酒枝義旗は、内村と藤井武の背反、別離、藤井が内村のもとに帰ったいきさつ、などを話した。

金澤常雄は、内村は預言者型で、イザヤ、エレミヤ的精神の持ち主であったこと、アマースト大学で勉学中、シーリー総長が内村に「自分の内ばかり見ないで、十字架を仰いでごらん」と言われて、内村の救いは、この一時になされたこと、大切なのは十字架を仰ぎ見ること、十字架を除けば内村はない事、大正一三年に、内村が「日本は、一等国としての地位を失う日が来る、その時日本人も目覚めてキリストに戻るのではないか」と言ったこと、自分はこの敗戦の時に先生の預言の時が来たと期待したが、その期待は裏切られたこと、根本の最も大切なことは、一人一人がキリストに帰り、個人として救われることだ、内に救いを得た者のみが、社会を救いうるのだと結論した。

七月に、エッケル宣教師とその集会の全員が高円寺東教会に合流した。岡田謙もこの時加わった。

七月二四日午後、高円寺東教会の設立式が行われ、エッケル師、ミス・モークが参列した。

その後酒枝義旗と共に移ってきたグループは、元の酒枝義旗を中心とするグループに戻ることを希望して、高円寺東教会の基礎ができてから一年後に、再び鷺宮の個人集会に戻った。そこに待晨集会ができた。

高円寺東教会として設立したものの、会堂がなく、牧師館は手狭のため、日曜礼拝は、昭和二九年までは、ほとんど石館家の二階で開かれた。

その当時の思い出を石館基は、次のように記している。

石館基が小西と出会ったのは、昭和二四年、高校一年生の頃であった。当時小西の小さな家で開始された伝道は、しばらくして石館家の二階に移った。石館基は、玄関の下足番を務めていて、客を二階まで案内する役であった。ある日、一寸のすきに参列者の靴が盗まれるという事件が起き、基は二階の窓から、靴泥棒らしい少年を見かけて、高円寺の駅の近くまで追って行ったことがあった。昭和二六年の三月には、エッケル師の祈禱会が行われていた最中に、基の東北大学入学合格の知らせが入り、大喜びした。石館基は、大学は仙台、卒業後は大阪の製薬会社に就職したので、高円寺東教会への出席は相当長い間できなかった。

高円寺東教会の設立期に協力した人々

設立期の高円寺東教会において、小西を助けた人々を簡単に紹介する。

石館守三（長男基と、国立衛生試験所にて）

石館守三

この時期の石館守三については、ハンセン病の特効薬プロミンの開発のことを記しておこう。戦時中の東京帝国大学医学部の石館研究室では、抗結核剤開発のためにいろいろな研究が行われていたが、ある時、日独間の情報交換に使われていたドイツの潜水艦が持って来たドイツ語の薬学雑誌に、結核のためのスルフォン剤の一つがハンセン病にも効果があるという発表がアメリカであったというごく短いニュースが載っていたのを見て、石館守三は、それが一九〇八年にドイツで開発され、強い毒性のためたなざらしにされていたＤＤＳを含むプロミンであると判断して、早速研究室でその合成を開始した。実際に少量のプロミンが出来上がったのは、終戦の翌年昭和二一年四月とされている。

石館は、合成したばかりのプロミンを持って国立療養所多磨全生園に行き、その治験を頼んだが、容易には希望者を見出せなかった。しかし、まもなく、中国の戦線から重症のらい患者として送還されてきた湊一義青年他二名が実験台になることに同意し、一日おきに六〇日間、静脈注射によるプロミンの投与が行われた。その効果は奇跡的と言えるほど顕著で、顔面の結節が消滅し、失明に近かった視力もかなり回復した。そのことを知った全生園の患者、またほかの療養所の患者から、プロミン要望の声が一斉に起こった。厚生省からの要請で、吉富製薬がプロミンの大量生産に乗り出したのは昭和二三年であった。
昭和二五年初頭からは、国外の大半では、経口投与ができ薬価も安いＤＤＳが主流となった。プロミンはＤＤＳに移って行った。石館が自宅に高円寺東教会を開設した時期は、そのような時期で、石館は多忙の時であった。

酒枝義旗

酒枝義旗は、明治三一年愛媛県に生まれ、上京し、人力車夫など苦学力行をしながら、早稲田大学を卒業し、内村鑑三の弟子藤井武に学んだ。昭和一三年、早稲田大学教授となり経済学を講じた。昭和二〇年秋から、自宅で日曜日ごとの聖書講義を開いていた。

酒枝義旗

昭和二四年三月、酒枝は自宅の集会を解散し、新設の高円寺東教会を支援するため加わった。高円寺東教会との縁は、国際基督教大学の設立準備中に知り合った石館守三と意気投合し、石館が自宅に設立した高円寺東教会を支援した。しかし、酒枝集会から来た若い人たちは、銀行員から牧師に転身して間もない小西の説教に不満で、従来の酒枝による聖書講解を強く希望したので、秋には、酒枝は鷺宮の自宅で聖書講解を再開し、酒枝グループは移って行った。ただし、理科の三羽カラスと言われた黒崎重彦・吉川（きっかわ）充雄・山領一郎、石館守三の長女順子と結婚した加藤武樹は残った。その後、酒枝集会は、待晨（たいしん）集会として発展していくことになる。酒枝は、グループが待晨集会を作ったのちも、月に一度は高円寺東教会に来て説教をした。それは昭和三一年一二月まで続いた。

金澤常雄

金澤常雄は、明治二五年群馬県高瀬村に生まれた。第一高等学校時代、内村鑑三の聖書研究会に加わった。大正七年東京帝国大学法科（フランス法専攻）卒業、大学時代はキリスト教学生寮の同志会に入った。同年内務省に入り、神奈川県庁に二年勤務したが、大正九年辞職。北海道北見の家庭学校（留岡幸助により大正三年に設立された児童自立支援施設）の家族舎に一〇か月住んだ。その後、内村鑑三の助手、桐生組合教会牧師、札幌独立教会の牧師などを経て、昭和三年、『信望愛』誌を創刊、独立伝道者となった。小西芳之助は、東京帝国大学入学・同志会入会が、大正九年であるから、その時には、金澤常雄は、大学を卒業しており、学生時代同志会で一緒だったわけではない。しかし、同志会出身の伝道者として、小西は常に金澤を尊敬し、金澤が実に謙遜な人であったという話を、後に高円寺東教会の説教の中で何度も述べた。

テオドール・エッケル

エッケル師は、ドイツから来た宣教師である。高円寺東教会の月刊伝道誌『よろこび』の第四号に、エッケル師の書いた「高円寺東教会との合同」と題する要旨次のような文章がある。

酒枝教授とは、私が日本に来てこの方昵懇であり、信仰の年月を重ねるにつれて、共同することもより多くなりました。すなわちまず小石川において、次に早稲田大学で、さらに国際基督教大学で。私どもはキリストにある兄弟としての全き信頼において結ばれています。国際基督教大学で、私は小西先生及び石館教授と知り合いになり、敬意をいだいておりました。そして合同しようという何らの見通しも計らいもなく、酒枝教授と小西先生は、私どもの仕事に協力されました。

この文章の後半には、合同する前は、エッケル師は、神田と金町で礼拝を持っていたことが書かれている。そして、神田の集会を閉鎖して高円寺東教会に合同した。金町の集会は、この後も続けられた。

また昭和二八（一九五三）年六月号の『よろこび』には、「六月二八日の聖日礼拝にエッケル先生御夫妻ご出席くださり、九州赴任のためのお別れの礼拝を持った」とあり、「高円寺東教会は創立直後より現在に至るまで、エッケル夫妻の厚いご芳志を受けた。当教会の今日あるは、エッケル御夫妻のご奉仕に負うところが大きい。主にある深い感謝を述べたい」と書かれている。

したがって、エッケル師は、昭和二四年七月から二八年六月まで、高円寺東教会で奉仕した。

エッケル師が、九州に行った後も、エッケル師と共に高円寺に来た岡田謙は、高円寺東教会に残った。

また、昭和二四年九月から、高円寺東教会の月刊の教会伝道誌『よろこび』が発行されたが、合流したエッケルのグループで出していた『よろこび』という題の月刊伝道誌の名前を引き継ぐものであった。

創立当初の高円寺東教会

昭和二四年一〇月、第一回高円寺東教会の教会総会が開かれた。教会役員が、次の通り決められた。（総代）酒枝義旗、石館守三、岡田謙、橋爪正雄、金子金一郎。

説教の分担は、次のように決められた。

第一・第三日曜日、小西芳之助。第二日曜日、酒枝義旗。第四日曜日、エッケル師。

二四年一二月には、高円寺東教会の初めてのクリスマス礼拝祝会が開かれた。小西芳之助「イエス降誕の意義」、酒枝義旗が「見よ、その口に橄欖の若芽有り」と題して説教をした。

昭和二五年には、酒枝義旗と共に移って来たグループが、高円寺東教会を去り、待晨集会を設立した。

昭和二六年七月には、エッケル師が高円寺東教会における教導責任を退かれた。

佐生健光の出会い

昭和二七年の正月、後に高円寺東教会の会員となる佐生健光が、小西芳之助と次のような出会いをしている。佐生は、当時勤めていた大阪の大林組の上司であった樫根英郎氏の紹介で、上京して初めて小西に会った。佐生はその時いくつかの心の問題を抱えていたので、初対面の挨拶が終わるとすぐに、質問した。

「信仰によって義とされる、という事はよくわかりますが、信仰には個人差があります。深い信仰の人は深く救われ、浅い信仰の人は浅くしか救われないのでしょうか」。

「信仰に浅い深いはない。信仰があるか、ないかだけだ。強いて言うなら、十字架の贖いで救われるという信仰は深い信仰であり、そうでない信仰は浅い信仰だ」。

「私は今仕事のことで悩んでいます。物を扱う仕事ではなく、心に関係がある仕事をしたいのです。私は、今建築現場に寝泊まりをして仕事をしていますが、まわりの人は、仕事が終わるとパチンコばかりしています。こんな環境から早く抜け出して、教師のような仕事がしたいのですが、どうでしょうか」。

「パチンコぐらいやれよ！　皆と一緒になってやりたまえ！　お前の言っていることは己一人潔しとしているように聞こえるじゃないか。いまの仕事を続けたまえ！

会社員も教師も、関東の餅は四角く、関西の餅は丸いぐらいの違いしかない。神は君を会社員にした。だから今それを全力を挙げてやれ。私は自分の長い会社員生活の体験から、確信をもって、この事をお前に言うことができる。こう言えることだけでも、私が会社員をやっておった甲斐があった。

もし、今の仕事が本当に不適当なら、神は何時か、必ず別の仕事を君に与えたまう。それまでは、今の仕事をしっかりやれ！」

佐生は、小西の意見に従うことを決意し、千葉県の高校にあった物理の教師の口を断り、大阪に帰って行った。昭和二七年の五月には、大林組東京支店に転勤になり、正式に高円寺東教会の一員となった。

昭和二七年五月には、小西芳之助は、結核にかかり自宅療養することになった。小西が療養中の日曜礼拝説教は、石館長老、岡田長老、長野長老、黒崎兄弟らによって行われた。酒枝義旗も月に一回は説教で応援した。

モーク先生送別会

昭和二八年六月二六日には、ミス・モークが、宣教師の職を定年退職し、アメリカへ帰国した。六月七日、小石川白山教会で送別会が開かれたとき、小西は沢正雄ほか三人を指名して、帰国後の月曜会の世話を頼んだ。モーク先生の帰国後、最初のうちはモーク先生の誕生日の五月二〇日に近い日曜日の午後に、昭和三七年九月一八日の召天の後は、その日に近い日曜日の午後、記念会が開かれた。会場は、モーク先生と縁の深かった小石川白山、本所緑星、高円寺東のいずれかの教会で行われた。モーク先生記念会での小西は、楽しそうであった。目を輝かせながら、称名の信仰を説き、復活の希望を語った。

モーク先生のバイブル・クラスは、世にも不思議な交わりであった。モーク先生の教えと感化は絶大なものがあったが、同時に先輩の後輩に対する指導が絶妙であった。その先輩の中の代表者は小西であった。後輩の沢正雄は、小西の長年の愛情あふれる配慮に、どれだけ感謝してもなお足りないと感じている、と書いている。

芳之助は、追憶集『ミス・ローラ・Ｊ・モーク――その信仰と生涯』に次のような文章を載せている。

モーク先生の信仰について

小西芳之助

先生の信仰は、一言でいいあらわせば天国の信仰でありました。先生の生涯は天国への旅でありました。先生はこの望みを、お母上様よりお学びになりしことと私は推察いたします。先生の四〇年間の日本でのご生活は、平凡でありました。伝道女学校（のちに聖経女学院および日本聖書神学校）の教師と数個のバイブル・クラスをお教えになったのみでありました。

しかし天国への旅路を人に示すには、その平凡なるご生活がすこぶる有力でありました。私は確信します。人に永遠の生命を示しそれをうる道を示すことが伝道であると。この観点からすると、先生は偉大なる伝道者でありました。イエスの弟子たちが、伝道の大いなる成果を上げて、イエスに報告した時、イエスは、「伝道の成果の上がったことを喜ぶな、汝らの名の天に記されたることを喜べ」といった。

先生は愛の人であられたこと、したがってすべて彼女に接する人は先生を慕った。また先生は謙遜であられた。ご自分の名の出るのを極度に嫌われた。また先生は自身の仕事には忠実であられた。私は昭和二二年秋から一年間、本所緑星教会の牧師をしたが、毎日曜日午後、小石川より電車でいらして、牧師館にて横になってお休みになっておられたことを、目に見るように思い出すが、自分の仕事には誠実を尽くされた。これらの愛といい、謙遜といい、職務に忠実なことなどすべては、先生の天国の信仰から流れ出たものと思う。

この天国の信仰の先生が、太平洋戦争の終戦前に、外人抑留所の全部が明日銃殺されるとの風説が広がった時、この抑留所にありし先生は、「不安と恐怖にたえかね、身の置き所もなかりし程なりし時、復活のイエスを仰ぎ見て、初めて平安がみなぎった」と、ご帰米後、婦人大会においてお述べになったと藤田昌直牧師より聞いたが、先生の長い間の信仰をもってしても肉体にある間の心の動揺を知るとともに、先生の平安獲得の道なりし、復活の主を仰ぎ見るの信仰の秘義を学びたきものなり。そしてこれはモーク先生の日常の小さい悲しみ、苦しみの時もいつも主イエスを仰ぎ見ておられたことと確信する。我らもまた日常の小さい、悲しみ苦しみの時、悲しみ苦しみの無き平凡の時、またうれしい時にも、主を仰ぎ見て天国の旅路を毎日歩みたい。そして天国において、先生とお会いしたい。

昭和二八年六月二八日には、エッケル師が九州へ赴任のための送別礼拝が行われた。

昭和二八年九月、小西は、肺結核治療のため、鎌倉市長谷にある鎌倉病院に入院した。退院は、翌二九年一一月であった。

昭和二九年七月には、高円寺東教会の新会堂が完成し、献堂礼拝が行われた。

第六章　昭和三〇年代の高円寺東教会

高円寺東教会における小西芳之助の説教は、基本的に聖書講解であった。新年、年末、クリスマスなど、特別の時には、聖書講解でなく、特別な題の説教をすることがあった。

昭和二六年からヨハネ伝、昭和三二年からルカ伝、昭和三五年から使徒行伝の講解説教を行なった。

エルマー宣教師

昭和三〇（一九五五）年七月から、小西はエルマー宣教師のバイブル・クラスに出席し始めた（三三年頃まで）。宣教師ルツ・エルマー（一九一三―二〇〇八）は、福音同胞教会の宣教師で、日本聖書神学校、津田塾大学、ロゴス英語学校などで教えた。昭和二八年から小石川白山教会のバイブル・クラスで三〇年間教えた。

小西は、高円寺東教会の機関誌として、『よろこび』という月刊伝道誌を発行していた。その巻頭に、小西は英文で毎号短いメッセージを載せていた。小西は、その英文の原稿のチェックを受けるために、いつもミス・エルマーに電話して、書いた英文を電話口で読むのが常であった。

“Can you understand my poor English?” と尋ね、ミス・エルマーが「よくわかります」と答えると、大変うれしそうだった。これらの英文は、しばしばローマ人への手紙に基づいていた。小西の英文は簡潔であったが、実に深い内容のものだった。

小西とミス・エルマーは、誕生日が同じ五月三一日で、誕生日の朝には、必ず “This is Yoshinosuke Konishi speaking. Happy Birthday, Miss Elmer!" と電話をかけた。

牧師試験に合格、按手礼を受ける

小西は、牧師資格を得るため、神学校に学んでいたが、日本基督教団の教師試験に合格し、昭和三一年三月八日、東京教区第八回定期総会で按手礼を受け、日本基督教団の正教師（牧師）となった。按手礼式は、霊南坂教会で行われ、按手礼を授けたのは、浜崎次郎牧師であった。小西の次男の山添順二は、当時東京神学大学四年生在学中であったが、父がよくも正教師試験に合格したものだという感想を持った。その時「志願者略歴」が配られたが、本人が書いたものをそのまま印刷したと報告された。

按手礼受領志願者略歴（昭和三一年三月）

小西芳之助　明治三一年五月三一日生
大正七年六月二日　小石川福音教会に於いて万木源次郎牧師より受洗
大正一二年三月　東大法学部政治学科卒業
昭和二二年九月　伝道の決意を表明
翌年三月　故広野牧師の本所緑星教会より主任教師として招聘を受く。
昭和二三年九月　同教会を辞し、独立伝道の宿願を達し、今日に至る。
現在高円寺東教会主任担任教師

昭和三三年頃から昭和五〇年頃までの、礼拝説教の分担は、第二日曜日は石館守三、それ以外の日曜日は、小西芳之助が担当した。

小西芳之助家族

阿部美江と再婚

昭和三二年一一月二一日、小西芳之助は、阿部美江と再婚した。伝道の上で、大きな助けを得た。

阿部美江は、神学校に学び、副牧師の資格を持っていたが、それまでは埼玉県加須にある愛泉寮に勤務していた。愛泉寮は、アメリカ人宣教師メーヤー師とキュックリヒ師（一八九七―一九七六）が建てたキリスト教老人ホームであった。

昭和三三年四月には、次男の山添順二が、東京神学大学を卒業し、品川教会の伝道師となった。

金澤常雄の召天

昭和三三年三月四日、金澤常雄が亡くなった。一二月五日、同志会金曜会で開かれた金澤常雄先生追悼会で、小西は、要旨次のように述べた。

金澤先輩の説かれた福音――金澤先輩は、大正七年に同志会を出られて、私は大正九年に入ったので、在会中は知り合うことはなかったが、ひょっとしたことから金澤先輩とお知り合いになることができた。先輩から直接講義は聞かせていただなかったから弟子ではないが――先輩の説かれた福音は、先輩の生涯がそれを証明している。同志会の多くの先輩が政界・財界・学会に貢献しているが、金澤先輩の六六年の生涯は、年とともに光を増して、将来もまた私たちを教える事であろう。

多くの先輩たちの間でも、金澤先輩は光っていらっしゃる。また伝道界に立った六人の中でも光っている。金澤先輩を持ったことは、同志会にとってこれ以上の名誉はない。金澤常雄先輩のゆえに同志会の名は、日本歴史に残るのではなかろうかと思っている。

われわれの目から見れば先輩の一生は失敗であって何一つ目に見えるものはなかった。大なる弟子がいるでなし、大いなる研究があるでなし、大なる神学があるでなし。しかし、私は信仰において、人間は信仰で救われるということにおいて、このなくなることのないただ一つのことにおいて、先輩はユニークな活動をなさったと思う。

金澤常雄について、小西が述べたことを、教会員の佐生健光が次のように記録している。

「一流の人はみな謙遜や。金澤常雄先生など、学校の小使さんのようや。教えたろうかーなんて態度は決してなさらん。人間は、威張る理由など一つもないのだから、威張るということ、その事だけで、二流以下の人物と思ってよろしいと小西先生がおっしゃられたことが思い出されます」。

阪井徳太郎の召天

昭和三四年六月八日、学生時代お世話になったキリスト教学生寮同志会の創立者、阪井徳太郎が亡くなった。満八九歳一一か月の生涯であった。

阪井徳太郎は、日露戦争のポーツマス条約交渉の時に、外務大臣小村寿太郎を補佐した優秀な外交官の一人であったとともに、後には三井財閥の中枢人物の一人でもあった。

小西は、昭和三〇年代にかけて、毎月一回、その頃は病気がちの阪井徳太郎の逗子の家を訪ね励ましてきた。

六月一一日、阪井徳太郎先生前夜式が同志会で開かれた。その席で、小西は次のように述べた。

会長先生が明治三五年同志会を御創立以来金曜会には、いつもご出席くだされ、内会員をお導き下さいました。しかしこの三〇年は、ご病気のため金曜会には御出席いただけませんでした。先生はいつも、達者であれば同志会へ行きたい、行きたいとおっしゃったものです。本夕べは、最後にこの同志会をご訪問して下さったのでありますから、皆様も会長先生ご出席の最後の金曜会のおつもりで、この前夜式をお持ち下さるようお願い致します。私は大正九年から一二年まで同志会でご厄介になりまして、毎金曜日先生から直接お教えを頂きました。またその後三十数年経ち先生のお亡くなりになる前数年間、月に一回ずつ、逗子にある先生のお宅を訪問する機会に恵まれまして、晩年の会長先生より直接いろいろご指導を受けました。感銘深く記憶に残っていることは、いつもお暇するとき先生と御一緒に祈ることでありました。

先生からお祈りを頂きたいと申しますと、先生がいつも「それじゃあ」と仰せになってお祈りになる。それから私が祈る。お祈りになるお元気のない時には「祈る力がないから、小西先生祈って下さい」とおっしゃいました。特に忘れ得ないのは、お元気の時、祝禱をして下さったことです。先生の祈りの内容は、必ずいつも、残る生涯を御聖旨にかなうものとしてくださいという意味が含まれていて、また長い旅路をお守りくださって有難いという意味もしばしば祈られました。三〇年にわたる御病気については（先生は六〇年間は超人の如き御活動をなされ、最後の三〇年間はご病床であった）ひと言も不平がましい言葉をお祈りの内に聞かなかった。長いご病気を聖旨と受け取っておられた。これは私には驚きでありました。

それからある時、金曜会の席上と思うが私たちにおっしゃいました。「名古屋の近郊に紡績の機械ができる。その紡績の機械ははじめは英国から入ったのだが、それを日本が学んで作ったけれども後には英国製よりも、もっといい機械を作って英国に逆輸出している。それと同じようにキリスト教についても外国から学ぶけれども、日本人はそれよりももっといいものを作りうるのでは無かろうか。それで同志会においてもわれわれはキリスト教を学ぶけれども、我らのキリスト教の理解が、実に外国人よりもまさる理解をもって、それを世界にまで逆に広げることになれば、まことに結構なことと思う。こういう意味で同志会を建てたんだ」ということを。そして私はそれを大変興味深く聞いて、今にはっきり記憶しているのでありまして、同志会が日本のキリスト教史のみならず、世界のキリスト教史に名の残るようにと、先生の御意志がそういうふうに実るようにと希望します。

私もまことに小さな天分をもって、分相応に努力して、もって先生のこの同志会創立の御趣旨に沿いたいと思っております。

東京四明会

河本脩三によって始められた四明会には、昭和二年から加わっていたが、河本脩三の死後も会は続けられ、戦後、東京四明会もできて、毎月会合が開かれた。毎月第三木曜日の夜、東京工業大学の磯部喜一教授の部屋で行われることが多かったが、時には、高円寺東教会を会場にして開かれることもあった。

小西は、昭和四九年に開かれた四明会五〇周年の会報に、次のような文章を寄せている。

四明会五〇周年に際しての所感

小西芳之助

人の価値はその人のなすこと（do）、またその人の所有するもの（possess）——物的並びに知的——によらずして、その人がなんであるか（be）によると思うのであります。そしてその人がなんであるか（be）は、その人が人類の残した良い物をどれだけ学び取って、自分のものとして身につけているかにあると思うのであります。佐藤一斎が、「幼にして学べば、壮にして為すあり。壮にして学べば、老いて衰えず。老いて学べば死して朽ちず」といいましたが、味わうべき言葉と思います。

私は、二〇歳頃より浄土門の仏教につき、また新教のキリスト教について学んでまいりました。そして現在七〇歳を越しまして、日々目の前の義務を尽くすことが、いかに大切であるかを、少し知るようになりました。人類の幸福が、この小さく見ゆることにかかっているように思うようになりました。そして、この小さく見ゆることが、私たちクリスチャンの理想の天国に通ずることを信知するようになりました。河本先生が、現実の内に理想を見出せと仰せになりましたが、私は唯今現実の生活において、理想の天国への道を、イエス・キリストの救いのゆえに、実現させて頂いていることを信知するのであります。

本日記念すべき五〇周年大会に当たって、この小さい感想を述べましたことを、光栄と思うと同時に、いよいよ元気を出して、一日一日先人の残された深い信仰の知恵を学び、佐藤一斎先生の言われる「老いて学べば死して朽ちず」の真理であることを学び知りたいと思います。

また、昭和五四年の五五周年記念大会には、ドクターストップにより出席できなかったが、次のようなメッセージを寄せた。

今後五年間の目標（四明会五五周年に際して）

小西芳之助

まず自分の五年間の目標を述べ、続いて今後五年間四明会に対する態度について触れたいと思います。

自分の今後五年間の目標というより、自分はいかに生きたいか、自分の人生の目標といった方がぴったりすると思います。この五月三一日で、八二回目の誕生日を迎えるわけですが、ようやく目標が決まりました。

いわく、

「生くれば称名このままで、目の前のなすべきをなし、願いあらばイエスの名によって神に祈り、会う人と頂く食物とに感謝したし。死ねば天国キリストに迎えられる。その時の喜びや如何。しかしてすべては賜物（自然と人からの）なる故に生きるも死ぬるも喜びたし」。

右は目標なる故実現困難なるも、イエスの名によって祈りつつこれに近づきたし。人生の現実の姿は、病気をはじめ誠に不安なるも、少しずつ平安を味わいつつあり。

河本先生が、「現実のうちに理想を見出せ」とよく仰せになりましたが、私は私なりに、不安の現実の内に平安の理想を発見し味わいたい。

以て自分の関係する小さい範囲において、河本先生と四明会の名を残したい。

四明会五五周年大会に際しての所感

小西芳之助

四明会五五周年大会……のスピーチの中でも一寸申し上げましたが、私、河本先生より教えて頂いたお言葉のうちに「現実のうちに理想を見出せ」というお言葉があるのですが、これが私の心の内に残っているのであります。河本先生の四明会員生活も、先生の理想の生活を現実の内に見出すご努力であったと思うのでありますす。先生は、修身の先生でありましたから、修身の理想を先生の四明会生活の現実の内に見出さんとされたと思うのであります。それは生易しい道ではございませんでした。先生は我々弟子の姿を見られて、幾度か失望し、中止なさりたかったかもしらんと思うのであります。しかし先生は、終生四明会を見捨てず、否いよいよ晩年には熱情を燃やして、四明会をお育てになりました。

昭和二七年八月、先生御永眠［から］二七年経ちました。会員も少なくなり、またたんだん老人になってまいりました。しかし我々は、先生のお手本にならって、現実の内に理想を見出す努力を分相応にいたしたく存じます。そして来る六〇回大会は、一九八四年先生生誕一〇〇年を記念して、大阪会員によって、後藤雄輔兄を幹事として盛大に行われんことを熱望してやみません。私も老いたりといえども、健康に注意し、第六〇回大会に出席し、先生の御恩を知るものとなりたいものであります。

バルト、ドッド、ジョン・ノックスの三先生に手紙を書く

高円寺東教会の礼拝説教では、昭和三六年一月から、第一回目のロマ書講解説教が始まった。昭和二九年発行の口語訳聖書では、ロマ書の三章二二節に「それは、イエス・キリストを信じる信仰による神の義であって」とあり、「イエス・キリストを信じる神の義」と、イエス・キリストを目的格に訳してある。原語では、英語のbyとかthroughに当たる前置詞とそれに続いて「イエス・キリストの信仰」と書いてあるだけである。「の(of)」という辞は主格の意味を表す場合にも使われるし、目的格を表す場合にも使われる。小西は、ここは「イエス・キリストが所有し給う信仰による神の義」と主格の意味に訳したい、と主張した。仏教浄土門の恵心や法然、親鸞の信仰をもってこの箇所を読めば、「イエス・キリストが所有し給う信仰」と、イエス・キリストを主格に読まなければならないからである。

さらに「信仰」という辞は、「忠実」という意味もある。原語は「信仰」とも訳せるし、「忠実」とも訳せる。そしてそれはイエス・キリストが一生涯神に忠実であられ、十字架を負うて復活されたのだから、「イエス・キリストがなしとげられた十字架の贖罪に至る忠実」と解することができる。端的に解釈すれば、「イエス・キリストの十字架の贖い」を意味することになる。小西は、この「イエス・キリストの信仰による神の義」を「イエス・キリストの贖いによる神の義」と訳したいと考えた。このように訳す事によって、神の義はイエス・キリストの贖いによって完成されているのであるから、さらにこれに加えて我々の側の信仰も必要とするというような

誤った解釈を防ぐのに役立つことになる。

この箇所の「イエス・キリストの信仰」を主格に読むか、目的格に読むかということは、古来、問題になっている。小西は、一九六一年の九月にこの箇所を研究していた時に、スイスのカール・バルト、英国のC・H・ドッド、米国のジョン・ノックス、という世界の三人の大神学者に手紙を出した。「私はどうしても我々の祖先の信仰に照らして読むと、ここは主格に読まないといけないように思うが、どうお考えか」ということを尋ねた。直ちに三人の先生から返事が来た。

C・H・ドッドは、パウロの手紙から様々な引用を示して、以上のいろいろな箇所を君がよく参照されて、その上でなおこの箇所を主格に読むというお考えであれば、君の考えは尊敬すべき権威をもつ。しかし、私はこの箇所はやはり、目的格として読む、という返事であった。

バルトの返事は、当時ちょうどシカゴ大学で新約聖書学の教授をしておられた令息のM・バルトが夏休みでスイスに帰ってきていたので、彼が父に代わって書いた返事が来た。M・バルトの署名の下に、これは父バルト自身の意見でもあることを示すために、カール・バルトと署名してある。その返事の大体の意味は、この箇所を主格に読まれて、そして十字架の贖いと訳すことについては私は賛成できかねるが、贖いと解釈される解釈は、これは発見であり、しかも驚くべき卓見（a discovery and surprising insight）であると書かれていた。そのお考えを君の教会のメンバーに教えてあげてほしいと書いてあった。

ジョン・ノックスの返事は、君の議論の価値を認める、私が間違っていたと、それは私が他の箇所でのパウロの用法に従って解釈していたためであって、たぶん他の多くの箇所でもわたしは間違いを起こしていることであろうと書いてあった。したがって、ジョン・ノックスは、全面的に小西の説に賛成している。ジョン・ノックスと言えば、インタープリーターズ・バイブルのロマ書注解を担当した現代の代表的神学者である。その先生が、私は間違っていたから君の意見に従うと、他の多くの箇所においてもまた自分は間違っていることであろうと、そういう返事だった。小西は、ジョン・ノックスの謙遜さに深い感銘を受けた。

C・H・ドッド（一八八四―一九七三）は、英国の聖書学者。ケンブリッジ大学の新約聖書学教授を務めた。

カール・バルト（一八八六―一九六八）は二〇世紀を代表するスイスの神学者。『ロマ書』を著わした。

ジョン・ノックス（一九〇〇―一九九〇）は、米国の聖書学者。ニューヨークのユニオン神学校新約聖書学教授を務めた。

以上、三人の大先生の意見を大観すると、ドッド先生は反対、ノックス先生は賛成、バルト先生は、十字架や贖いという辞がない以上は、直ちに贖いと解釈することには賛成できないが、趣旨には賛成する、という意見であった。だから、三人のうち二人までは、小西の説に賛成しておられると解釈してよいだろう。

小西は、「このように訳せるのは、無学者の特権である。学問の無い者は直観的に訳せる。源信や法然の信仰を持ったら、こういうふうに読まないといけないと思ったら、我々は無学者だから、そのように読むことができる。しかし、学者は、客観的な材料がそろわないと飛び越せないのであろう。ですから思い切って飛び越せるのは、無学者の特権である」と述べている。

この三人の世界的神学者に質問状を送り、回答をもらった話は、日曜日の説教でしばしば話された。

昭和三六―五〇年の頃の説教

昭和三六年、ロマ書の第一回講解説教が始まった。内村鑑三生誕一〇〇年、ロマ書講演四〇年を記念するものであった。この第一回のロマ書講解では、「イエスの十字架の贖いを信じて救われる」と、内村鑑三から教えられたとおりに講解した。

ロマ書講解は全六〇回、二年かかった。ロマ書が終わると昭和三八年コリント前書、昭和三九年一〇月コリント後書、昭和四〇年ガラテヤ書、昭和四一年エペソ書、昭和四二年ピリピ書、昭和四三年コロサイ書、昭和四四年ピレモン書及びテサロニケ前書、昭和四五年テサロニケ後書、テモテ前書、テモテ後書、テトス書と一〇年かけて、パウロ書簡を全部講解した。月一回は、旧約聖書の聖書講解を行っており、ヨエル書、ダニエル書、ヨブ記などを講解した。

第一回ロマ書講解説教の第六〇講「ロマ書大観」

昭和三七年一二月二三日、この説教の時、小西はA版全紙大の大きな図を描いて説明した。

円の中心には、「神の智恵即ち奥義（十字架の贖）」とある。神が罪から逃れられない罪人の人間を救うのに知恵をもって、ある救いの方法を考えた。それが十字架の贖いである。神のひとり子を世にくだされて、彼に平凡なる人生を送らせて、ついには十字架につけて人間の罪を贖った。この神の知恵を真受けに受けること、これを信仰と言う。自分の信仰というある力を加えて、救いの力を成就するのではない。それを受けるだけだと説明した。しかし、これはなかなか信ずるのが難しい。そこで、「わが主イエスよ」と称名する。これが主観的

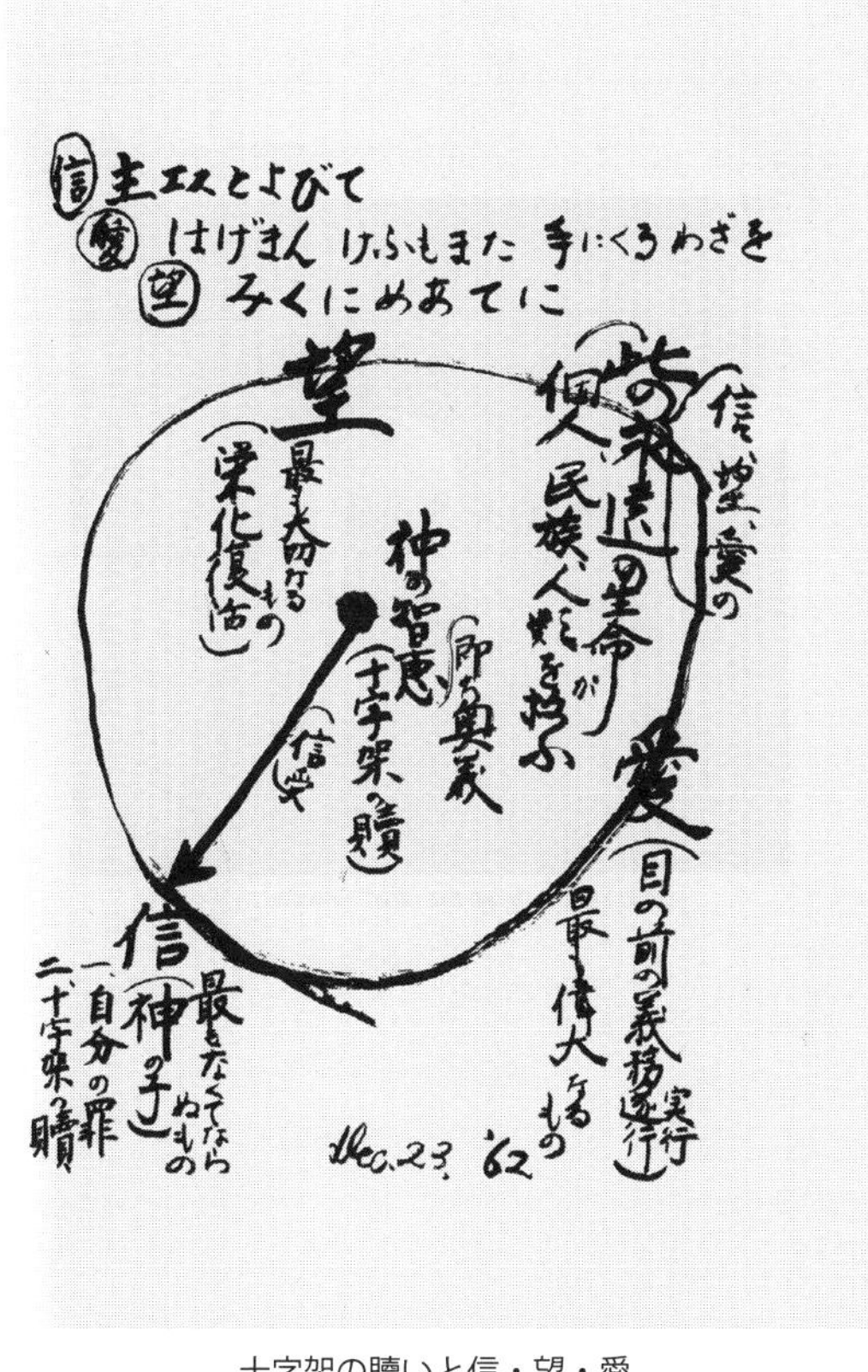

十字架の贖いと信・望・愛

な信仰告白、信仰の受け方である。このことを「難信易行」と呼んだ。称名はロマ書一〇章一三節に「主の御名を呼び求める者は、すべて救われる」と言う聖書の箇所を根拠にしている。

望とは、復活すること。肉体は、五〇年七〇年で朽ちるけれども、時が来れば、われわれはキリストの復活と同じく、復活させてもらう。永遠無限の栄光の体をいただく。これがもっとも大切、キリスト教の頂点である。

愛とは、神のこの信仰と望みに励まされて、われわれは毎日目の前の義務を遂行する。これが愛である。目の前の義務の実行である。カーライルが『サーター・リサータス』で、"Do thy duty, which lies nearest thee, which thou knowest to be a duty."「汝の義務を尽くせ。汝のもっとも近くにある義務を尽くせ。汝が義務と知れるものを尽くせ」と言った。小西は、いつも信・望・愛のうちで、望すなわち復活の望みが一番大切と説明されることが多かったが、パウロは、コリント前書第三章一三節において「信望愛のうちもっとも偉大なものは愛である」と言っている。実にこの目の前の義務の実行こそ、キリスト教の愛が外に現れた姿である、と説いた。

樫根英郎による仏教の講義

樫根英郎は、小西の小中学校の五年後輩で、生家が高田町で背中合わせの隣の家の人であった。樫根英郎との主な関係は、後輩であっただけでなく、仏教の恩師島村清吉の同門の弟子であった。大阪に住んでいた頃、島村清吉が亡くなった後、安田信託で時々二人だけで仏教の話をしたことがあった。

大林組に勤めていた樫根英郎が東京転勤中、昭和三七年から数年間、毎月一回、小西及び教会員五、六名に、仏典の講義をしたことがあった。樫根が小西から頼まれた理由の一つは、次のようなものであった。

高円寺東教会の門弟にとって奇跡等についての確認が難しく、入信の障害になっているので、参考のために仏教の話をするようにということであった。樫根は、奇跡等については、仏教から見れば至極簡単であること、仏教にはキリスト教よりも時間的、空間的共に不思議なことがが数多くある。仏教の根本は三世因果律であるから、原因さえあれば、縁によって、それ相応の結果は必ず発現しうる。いかなる不思議な事件でも、時空を超えて必ず発生する。この因果律を身につけるには、善知識（よき先生）が必要である。それに出会う事だ。その人となりに接することだ。島村清吉の弟子らはすべて、来世、極楽の実在を、この世の山川を見るように信じて疑わない。小西にとっての善知識は島村、内村両先生であり、高円寺東教会の皆様には、導源小西先生であると思う、と説いた。

そして、高円寺東教会の会員に対し、観音経と大無量寿経の大部分を講じた。

一高時代の友人山本頼雄の追憶

山本頼雄は、小西の一高時代の思い出として要旨次のように書いている。

一高時代の謝恩会の時、小西は「自分はキリスト教の伝道師となりたいと思う」と宣言したが、安田信託の社員になって、宿願である牧師になったのは、戦後齢五〇に達してからの事であった。山本頼雄氏は、何かの際、この事を小西に話したところ、「君はあれを覚えていてくれたか、僕は勿論はっきり覚えている」とのことで、「それなのになぜ君はサラリーマンになり、牧師になったのは戦後であったのはなぜ」という質問に対し、「自分はすぐ牧師になりたかったが、父が許してくれなかったので、結局自分で決定できる戦後になってしまった」との答えで、「君の生涯の願望が父君に阻まれて実現が遅れたことをどう考えているか」と尋ねたところ、「父の意見に従ってよかったと思う。もし自分がいきなり牧師になっていたら、学者的牧師になって、信者と心の通う牧師になれなかったかも知れない。信者は社会人だから、自分が社会人としての経験を充分持っていることが、信者のよき友となって、善導のできる牧師の要件のように思う」との自信と喜びに充ちた答えが返ってきた。

小西が一高時代の同窓会の親睦雑誌『第三　柏影回顧』に寄稿した文章によると、小西の理想の人モーゼは、四〇年を一期として三期の生涯であり、第三期がユダヤ民族救出の大事業であった。それに比べ、自分の生涯が二五年を一期として、始めの二五年は学生時代、次の二五年は会社員時代、第三期が伝道師として尽くせるなら、自分の一生がモーゼに似ていることになってうれしい、しかも、会社員となって自分の信仰は鍛えられた、とある。

恵心流キリスト教の最初の文章

小西は、自分の説くキリスト教を「恵心流キリスト教」と呼んだが、恵心流キリスト教という言葉が最初に出てきたのは、昭和三七年七月二九日の『よろこび』巻頭言ではないかと思われる。そこには次のように書かれている。

恵心流キリスト教

私のキリスト教を「恵心流キリスト教」という。何故か。私は、キリスト教信仰の最も深い所を恵心僧都（源信）から学んだからである。

第一に、彼は教えていわく、「偏に阿弥陀仏の浄土を求めよ」と。故に、私は彼に学び、神の国（における我らの復活）だけを願う。

第二に、彼は、阿弥陀仏の本願を信ずることを教え、かつ、念仏――阿弥陀仏の名を唱えること――を実行することを勧めた。故に、私は彼に従い、イエスの約束（ヨハネ伝三章一四、一五節）――イエスの十字架――を信じて、かつ、「我が主イエスよ」と呼ぶ（ロマ書一〇章九、一〇、一三節）。

以上のことから、恵心流キリスト教は、次の三つのことから成り立っている。

第一、イエスの十字架の贖いを信じること。

第二、我らの復活だけを信じること。

第三、「わが主イエスよ」と呼ぶこと、すなわち、口で称(とな)えること。

このうち第三が最も重要である。それは、第三が実行できれば、第一も、第二も死んでしまうからである。

（私の歌）

主イエスよと呼びてはげまん　今日もまた
　手にくる業を　御国めざして
昭和四〇年代以降、小西は何度か礼拝で、「恵心流キリスト教」という題を掲げて、説教をしたことがあった（例えば、昭和五〇年六月二九日の説教、一八七頁）。

第七章　昭和四〇年代の高円寺東教会

昭和四〇年代の小西の聖書講解説教は、次のように行なわれた。

昭和四〇年　ガラテヤ書、旧約ヨブ記
昭和四一年　エペソ書
昭和四二年　ピリピ書、病気のため録音テープによるコリント前書
昭和四三年　コロサイ書
昭和四四年　ピレモン書、テサロニケ前書
昭和四五年　テサロニケ後書、テモテ前後書、テトス書
昭和四六年　第二回ロマ書
昭和四八年　コリント前書
昭和四九年　コリント後書

小西の日課

小西の日課は、祈りから始まった。美江夫人の追憶によると、小西の祈りの内容は、次のようであった。

パウロ、ルター、源信、源空、内村、島村、モーク諸先生、続いて、先祖、両親の名を一人一人言い、以上の方々の地上の生涯を感謝いたし、現在その方々の上に、神の恵みが豊かでありますように。石館長老、奥様、その御一族、続いて教会の責任役員の一人一人の名前を挙げ、その上に健康と信仰をお与えください。

次に、教会員の中の病人、その家族、悩みを持った者、その家族のために一人一人名前を挙げて祈ります。次に、高円寺東教会に属する方々とその家族、私の話を聞いて下さる方々、私の書いたものを読んで下さる方々、それらの上に健康と信仰とをお与えください。

芳之助、美江、伝一、尭子、順二、和加、暁美、スワコ、続いて孫の名前を順に言い、以上一族二〇人の上に健康と信仰とをお与えください。二人の孫には、良き配偶者と良き子女をお与えください。

主イエスキリストの御名によりお祈り致します。アーメン。

小西は、毎朝、妻の美江とともに、声を出して祈った。

続いて勉強が始まった。五〇分学び、一〇分休み、午前中にそれを三回。

日本語、英語、ドイツ語、ギリシア語の順に、聖書の原文を繰り返し読み、仏典と聖書の注解書を読んだ。各言語で、原文の一節ずつそれぞれのノートに書き、午後のレッスンの時に暗記した。辞書を引いた単語は、辞書用ノートに、Mで始まる単語はMの所へ、Yで始まる単語はYの所へ記した。

小西は、聖書を、和文、英文、ギリシア語で暗記することに努めた。

午前午後、三〇分ずつ散歩した。

小西家のカレンダー

小西家のカレンダーには、教会員の命日、先祖の命日、親しい方々の命日が書き込まれているので大変にぎやかであった。

一二月一三日が八木英次郎氏の命日であれば、毎月一三日には、朝の祈りの中にその名前を入れて「彼の地上のご生涯を感謝いたし、現在彼の上に神の恵みが豊かでありますように」と祈った。「命日は天国への誕生日」といつも言っていた。

それから、特に五月一五日は、内村先生からロマ書第三章二一節の「宗教道徳とは無関係に」ということを聴いた日として、「大祭日」のような日であった。

一高時代の親友であった土屋、同志会時代の親友であった橋本耕三、この二人の親友の名前を言うときには、いつも目に涙を浮かべていた。

美江夫人が、特に芳之助語録として、書き記している中に、次の言葉がある。

「教会員が、私の貧しい聖書講義を聞いて下さったからこそ、今日私は信仰を与えられた。三十余年の間、私は毎日毎日、次の聖書講義に備えるべく、聖書を読み、注解書を少しずつ読んだ。私は限りない感謝を、長老たち、教会員に、神の前にささげる」。

「人は七〇歳を過ぎると、急に人生の全体を広くつかむことができる。それは、その年齢に達してみないと分からない。であるから諸君もどうぞ、健康には十分注意を払って、七〇歳を過ぎてからの人生を平安の内にエンジョイし給え」。

小西の本箱

教会員で中堅の信者からなる共励会のメンバーであった村山愿(げん)は、小西の本箱について次のような感想を書いている。

先生は、六畳・四畳と、南面する縁側に沿って並ぶ二つの部屋の、東手の四畳の方に、縁と仕切る障子に向かって座り机を置き、その横に幅二尺五寸〔七〇センチメートル〕、高さ三尺ほどの本棚ひとつ、東側の壁には低い窓があって、その奥に高さ四尺ほどの本棚ひとつ、これとならべて同じ高さの本箱をひとつ置いていた。本は、この二つの本棚に収まり、本箱は原稿などの整理に使っておられるようでした。

年数の経ったある時期から本が全体として少ないこと、少数に絞られた蔵書のずっと変わらない様子に気づき始め、それがひとつの意味を持つ印象になってきておりました。……『よろこび』の第一七一号の巻頭に、道元の言葉と題する次のようなメッセージが載っています。

「先日私はあの有名な禅の一派の元祖・道元の次の言葉を読んで大層感銘を受けました。

『多くのことについて博学になるのは難しい。それを捨てよ、唯一事について博学たらんことをつとめよ、それをよく勉強せよ。一業を堅忍をもてなせ』。

今後私は聖書だけを勉強するであろう。そして、聖書に書かれてある福音を伝道することを、この一事をつとむるであろう」（昭和四一年九月一一日）。

先生のお部屋の本棚から、私に伝わって次第に高まりつつあった印象は、このお言葉によって鮮明な像を結びました。それは先生の一事に集中される密度の濃さでありました。

また村山愿は、次のようにも書いている。

『よろこび』二一〇七号巻頭には次のようなお言葉があります。

高円寺東教会の役員達と共に（昭和 49 年 12 月）

「偉大なる人とは、終生・唯一事をなし続ける人であると私は思います。誰でもできる一事だけを終生為し続けた人を敬愛します。

イエスは、イエスの父である、私たちの神が欲し給うことだけをなさいました、十字架の死に至るまで。

私は今後、イエスにならい、唯一事、すなわち私の義務を、毎日死に至るまで尽くすために励みましょう」（昭和四四年九月七日）。

誠に先生のお言葉は、私たちの目の前に真実として存在しました。

役員、共励会、婦人会

昭和四九年頃の高円寺東教会の責任役員は次の通りであった。

石館守三、金子金一郎、加藤武樹、小沢辰男、柴田徳衛、北川つるえ、石館光子、高野光子。

また中堅の信者からなる共励会があり、その頃の常連のメンバーには、次のような人々がいた。

石館基、山口良二、市川浩、深谷秀夫、佐生健光、村山愿、小貫正、山口周三、多田哲郎。

共励会は、毎月一回、水曜日夜に牧師館で開かれた。共励会には、仕事帰りに、約一〇名ほどの者が集まって、美江夫人と石館悦子が用意したハヤシライスか豚カツを食べ、小西の説教テープを聞いて、一人一人が感想を述べる方式で進められた。

婦人会は、この頃は毎月一回、第二火曜日の午後、少数の姉妹が小西を囲んで開かれた。小西のロマ書講解説教のテープを聞いたり、三浦綾子『旧約聖書入門』の読書会であったりした。石館光子、石館悦子、八木治子、市川照子、佐野順子、北川つるえ、山口恵美などのメンバーがいた。

石館基は、大学は仙台、就職先は大阪の製薬会社であり、その後オーストラリアの研究所に留学するなど、一〇年以上も教会から離れたが、東京に戻り高円寺東教会に再び出席するようになった。石館基は、ロマ書の第二回講解が始まった昭和四五年頃、小西牧師の魅力に取りつかれ、小西の説教が他人事のように思えないことに気づいてきた。小西の書斎での一週間の準備は、教会員一人一人が救われんがためのものであることに気づいた。さらに毎月一回、共励会の夕食会に出席して、益々その念を強くした。

石館基、悦子夫妻は、家が小西の家と隣であったため、何かにつけ小西の健康状態を尋ね、暮らしを助けた。

CS教師会

昭和四一年以降、高円寺東教会のCS（教会学校）の教師たちは、小西夫妻とともに、毎夏箱根などへ、一泊旅行に出かけた。小西の簡潔でしまりの効いた講話以外は、ごちそうとおしゃべりと観光のくつろいだ旅行であったが、小西はこの行事を毎年楽しみにしていた。

昭和四五年八月には、箱根の宮ノ下の保養所に泊まった。温泉に入り、講話が済んで、ビールと夕食でくつろいでいた時、突然浴衣姿の小西が、「君たちに炭坑節の踊る宗教を教えてやる」と立ち上がり、炭坑節の替え歌

で、

御国へみくにへとぉ（よいよい）、毎日毎時につとむれば
なんぼつろても苦にならーぬ　ほんにうれしイエスのみ名　（さのよいよい）

と踊り始めたので、一同度肝を抜かれた。その真摯さと天衣無縫さに引き込まれ、「君たちも踊らんか」と誘われ、一同立ち上がり、一二畳敷の室内を一列になって、小西の真似をして「押して押してまた押して　引いて引いてまた引いて　かついでかついで」と約三〇分、みんなで踊ったことがあった。

この頃の石館守三

石館守三は、昭和三六年、東京大学薬学部教授を定年で退職したが、多くの社会的貢献活動が待っていた。その主な活動を挙げれば次のようなものがある。

昭和三七年　社団法人日本キリスト教海外医療協力会会長。石館は、昭和三五年、任意法人として日本キリスト教海外医療協力会が設立された時からの会長であった。

昭和三八年　共立薬科大学理事長。

昭和三九年　日本癌学会会長、日本クリスチャンアカデミー理事長。

昭和四〇年　厚生省国立衛生試験所所長。

昭和四一年　厚生省中央薬事審議会委員、続いて会長。石館は、中央薬事審議会会長の時、昭和四五年、まだ疑わしい段階で薬害スモンの原因となった薬キノホルムの販売中止と使用見合わせの処置を答申し、スモン病のそれ以上の発生を断った。

昭和四五年　社団法人日本薬剤師会会長（一二年間）。石館は、昭和四八年日本医師会会長武見太郎と会談し、薬剤師の地位向上、医薬分業、医薬協業を進めた。

昭和四九年　笹川記念会保健協力財団理事長。石館は、日本船舶振興会の笹川良一の協力を得て、笹川記念会保健医療財団を設立し、理事長となった。ＷＨＯの協力を得、世界のハンセン病の撲滅を目指して、活動を行った。

このような忙しい社会的活動の責任を負う中で、高円寺東教会では、毎月一回、説教を淡々と続けた。特にヨハネ伝やヨハネの黙示録講解説教を続けた。

国内旅行

小西は、時々旅行をした。

昭和四一年一〇月には、教会員の田淵謹也・淑子の結婚式の司式をするため、岡山へ行った。この時、田淵の友人である山口周三と阿部達雄が同行し、三人は山口の実家に泊まり、結婚式の翌日には、津山の少し南、法然上人の生地に建立された寺、誕生寺を車で訪問した。

昭和四二年五月には、新潟県内の信者宅を訪問する旅行に出かけた。

同年一〇月には、関西へ伝道旅行に行った。

昭和四四年六月にも、関西へ伝道旅行に出かけた。この時は、京都で開かれた四明会四五周年記念会に出席し、日本バプテスト同盟曽根キリスト教会と日本基督教団大阪九條教会で説教を行った。大和高田の今西芳男宅に泊まった。

昭和四六年六月にも関西へ伝道旅行に出かけた。

昭和四七年一一月にも、関西へ伝道旅行に出かけた。この時は、奈良県当麻（たいま）の恵心僧都誕生の土地を訪れた。

第八章　晩年

新潟への旅行

小西は、昭和五二年五月に新潟県の信者宅を訪問した。五月二六日には、角田勇氏宅を訪問した。角田勇氏は、次のような回想の文章を残している。

実はお会いするまでお会いすることも、あまり気のりがしなかったのです。ところがお会いするとすぐ温厚なまなざしに気が付きました。いままで見たこともないまなざし、これは尋常の人でないということがすぐわかりました。弥勒菩薩の像を思い浮かべた程でした。……

私はこの時、又いつの日会えるかわからぬこの先生に、私が今まで一人で苦しんで考えあぐんで来た人生問題について尋ねてみなければならぬ、と強く感じました。私は突然、「人生とは一言で言ったら何ですか」と聞いたのです。先生はあまりに急に話が変ったので、少し考えておられました。そこで私の考えをつけ足しました。「いくら考えても悉皆不可解なこの人生に私のできることは、今立ち向っている事に対し、全力を尽くして研究することだけである」、なお続けて、「苦難も、病気も、死も、研究の対象であると割り切って、やっと安住の処を得ています」と猪の本性を現した様に申しますと、先生はにっこりお笑いになって、「あなたの考えは切実でよいですね」と言われ、続いて、「私は只今永遠の命に生きる」と言われました。私はもう少しお聞きしたかったのだが、汽車の時刻になったので大急ぎで再会を約して帰って行かれました。

晩年の説教

昭和五〇年八月、小西は病気のため、高円寺の清川病院に入院し、説教は休んだ。小西の入院中、講壇は長老、共励会の会員によって守られた。

昭和五一年四月から、講壇に復帰した。これ以降、小西の説教は、月二回程度になった。

昭和五一年頃から、称名に関する説教が増えている。昭和五一年から昭和五四年六月までに、称名を主題とする説教が、少なくとも一六回行われており、教会員だった村山愿は、それを「特別説教」という題でカセット・テープの複製を作り、元の教会員に郵送頒布したことがある。これらの特別説教の内容は、後にテープ起こしがされ、平成二八年一二月に『わが主イエスよ――恵心流キリスト教・説教集』と題して、本として発行された。『わが主イエスよ』に収められた説教は、称名を強調する説教が中心になっている。

昭和五四年九月以降は、健康がすぐれないため、説教は、原則として録音テープによる説教となった。

教会の解散

昭和五四年一二月九日の役員会において、昭和五五年三月三一日をもって高円寺東教会を解散すること、その手続きは教会員で行政書士であった深谷秀夫に一任することが、決定された。小西がこのような判断をしたのは、昭和二四年に石館守三の敷地の一隅に、教会設立をさせてもらった時、小西は、自分一代限りで、教会は解散すること、及び土地は返すことを口頭で約束していたためであろうと推測される。

昭和五四年一二月二三日の教会総会では、高円寺東教会を近日中に解散する旨が決定された。

昭和五五年三月二日の臨時役員会では、約一二〇名いた教会員は、自分の希望する教会へ、また希望が特にない人は、上野にある日本基督教団下谷教会（次男の山添順二が教会牧師を務めていた）へ、転籍することが決められた。

昭和五五年三月三〇日の教会総会で、教会解散再確認の件、教会員の転籍転会の件、残余財産処分の件、精算人選任の件が可決された。

教会が解散されて一〇日後の、昭和五五年四月九日、小西芳之助は、永眠した。

八一歳一〇か月の地上の生涯であった。病名は、脳血栓であった。

小西が召天する三日前、四月六日の聖日に、牧師館で第一回目の石館家庭集会が開かれた。

前夜式、出棺式

前夜式は、昭和五五年四月一〇日（木）午後七時より、高円寺東教会で行なわれた。

司式山口良二、奏楽武村より子により執り行なわれ、感話を市川浩、村山愿、石館光子の三人が述べた。

出棺式は、四月一一日（金）午後一時より、牧師館で行なわれた。

司式石館基、奏楽武村より子により執り行なわれ、感話を佐生健光、山添順二、奥田禎一が述べた。

小西の次男で、下谷教会牧師の山添順二は、出棺式の感話の一部で、次のように述べている。


父の生涯を見ますと、幼少時仏教の素養があり、そして安田信託という俗界の仕事をし、最後に牧師になったという、興味ある経歴の牧師であって、しかも小石川白山教会の会員でありながら内村鑑三先生のロマ書の講義を聞いているというふうな、非常に特色のある牧師であり、日本基督教団の教職としては、一寸はみ出たような牧師でありました。しかし、父はキリストの十字架の贖いを信じて生涯を貫き通しましたし、私自身が牧師になったことも父の影響によるものであります。

厳かに出棺式は終わり、午後二時、遺体は遺族及び多くの教会員に見守られながら、堀之内の斎場に運ばれ火葬に付された。折しも、桜が満開であり、小西の天国への門出にふさわしい光景であった。

葬儀

葬儀は、昭和五五年四月一三日（日）午後二時三〇分より、高円寺東教会で行なわれた。司式小沢辰男、奏楽武村より子によって執り行なわれ、式辞を石館守三が述べ、弔辞を古くからの教会員である金子金一郎、北川つるえ、友人代表として山本頼雄、同志会代表として加藤栄一、教団代表として北村宗次が述べた。

石館守三の式辞

学生時代からの友人で、高円寺東教会の設立の時から常に小西を助けてきた石館守三は、式辞の中で次のように述べた。

小西先生と私の初めての出会いは、今から五三年前の大正一一年、はしなくも東京大学のキリスト教家庭寮である同志会に入寮した時に始まりました。小西師は既に三年生で、私が初年生であり、また先生は法学、私は自然科学の薬学であり、しかも、大阪弁と東北弁の持ち主、まことに普通なら相まみえることすら難しい境遇に在ったわけでありますが、わずか一年の触れ合いでありましたが、それが後に、相互に不思議なご縁として展開したことは、全く予期を絶したことでありました。

先生は、卒業後、直ちに安田信託社員として関西に職を奉じた関係上、戦争直後の昭和二一年、夫人の遺骸をいだいて上京されるまで二五年の間は、私も会う機会が少なかったのであります。

短い同志会寮における生活でしたが、先生の一風変わった人となり、特に信仰に対する真っすぐな姿勢は、私には異様とも、驚異とも感じられた訳であります。寮の毎日の朝拝と金曜日ごとの祈禱集会、そして日曜の教会出席は、寮生の三つの義務でありましたが、これを完全に履行した人は恐らく小西先輩ぐらいであったと思うのであります。その時すでに小西先生は、信と行の修行に取り組んでおられたことを知ります。

ややもすれば理知に偏り、これを誇らんとする傾向の東大生の集まりでありますから、金曜会の議論も、時には求道的姿勢から脱線することもあります。そのとき独り敢然として、しかも、真摯に自分の信仰告白をして動じない先輩に、私は畏敬の念を禁じ得なかった訳であります。その当時は、キリスト教信仰の何ものであるかを知らない私には、異様とも感じられたことを思い出します。私を小石川白山教会でのモーク先生のバイブル・クラス、また同時に、大手町の内村鑑三先生の聖書講解に、最初に連れて行ってくれたのも、この一年間のことでありました。

小西先生は、二五年間の会社の生活に別れを告げて、青年時代の彼の希望、先生の表現を借りるならば「天国の外交官」に、すなわち、伝道者として立とうとの抱負をいだいて上京されたのでありました。しかし、当時の戦後の混乱と、経済環境は先生に非常に重くのしかかっていたことであり、当時まだ成人しない三人のお子さんを引き連れての転身は、容易なものでは無かったと想像に難くないのであります。この時期は苦難の時期でありましたでしょう。この天国の外交官は、その志が純粋単純であるだけに、この俗世界においては、成功はおぼつかないのではないかと、彼を知る友人で、ひそかに危惧していたのは、私だけではなかったろうと思います。

しかし、神の摂理は深いかな。彼を力づけ、彼に協力の手を差し伸べてくれた友人たちが、彼に与えられたのであります。今ここにその人々の名前を挙げることは割愛いたしますが、伝道所開設にあたりましては、八木家の人びと、また、畏友・酒枝義旗先生とその同志の人々は、その教会の出発にあたって忘れ難い協力者でありました。

日本基督教団の一教会として、一年後に出発いたしましたが、教会の行事や牧会的な活動は二の次で、もっぱら聖書講義と、信仰と救いの本質を説くことに献身された先生――皆さんがご承知の通りです。教会の看板は出したものの、その門をたたいて失望して帰られた人もありましたでしょう。苦言を呈して去られた方もおられます。また、求道初心者には難解な先生の説教にまごついて去った人もあったと思います。

しかし、先生は教会の表面の盛んなことは願わず、数人でもよいから、真に福音の本質を体得してくれる信者がいれば満足であると、常に語っておられました。数人、いや一人でも福音をもって立ち、神の助けを得るならば、日本を動かすことは可能であるはずであります。真理の力はかくあるはずであります。我々は、人知をもって軽々にこの問題を判断することは危険でありましょう。……

キリスト・イエスの十字架の贖いの信仰は、理解することは可能であっても、これをわがものとして持ち続けることということとは、凡人には極めて難しいものである。そのためにつまずく人もたくさんあるが、これを続ける方法もロマ書においてパウロが教えていること、煩悩具足の凡人には、その信仰を持ち続けるということは極めて困難であるということを先生ご自身の体験から、しばしば、教会員に話されております。であリますから、それを万人の救いとするためには、ロマ書一〇章九節以下の「口でもって、キリストを救い主と告白すること」、さらに具体的に言うならば「わが主イエスよ」と毎日、毎度、口に称えること、すなわち「称名」こそ、凡人に与えられた神様の恩恵である。そのことによって永遠の生命にあずかる救いが完成するのである。

このことを先生は、自分の六〇年の信仰生活の結論であると、はっきりと申して、これを先生は「難信易行」という言葉で、ここで講釈されております。

これはキリスト教の「信」と「望」の本質を説いたものであります。それをもって、それを土台として、我々は、現世の生活を励むのであります。しかも、その仕事は、必ずしも大きなことでなくともよろしい。極めて平凡な、自分に与えられた現在の仕事を全力を尽くしてやること、それがこの世における「愛」の行為であると言われております。

特定の事業をやったり、慈善事業をやるだけが愛ではないということであります。これは、非常に味わいのある言葉であります。愛の行為は、必ずしも特定の目的のもとに愛の好意をやろうとすることにあるのではないのだ、我々に与えられた平凡な、この世の仕事を愛の精神を持って遂行すること、これがこの世における愛の行為であると、この世を浄める原理であるのだということを意味します。

これは平凡なことのようでありますが、先生が一生を通して、これを自ら実行して、我々にそれを示したと考えるわけであります。

神は二物を与えません。先生はこの世では我々が望むところの学識や才能には恵まれなかったかもしれません。しかし、永遠の生命を受くる道を説く賜物を与えられました。誠によき賜物を与えられたと、今さら思う訳であります。

我々は、ルカ伝のマルタとマリヤのたとえで、マリヤはよき方を選んだとイエスが言いましたが、誠に、この世のいろいろな業を選ばずして、このこと一点に、この道を選んだことは、誠に神の恩恵でありました。私が、先生を助けたということは、マルタの役目をしただけでありました。私もこれを反省するわけであります。

「人生受け難し、仏法会い難し」と、仏教で言います。我々は、人生をお互いにこの世において共にし、幸いにして我々は、救いの福音を一生を賭して説いた先生を通して、その福音の奥義にあずかった。しかも、先生の一生の手本を我々は見せて頂いた。この人生の出会いに、我々は誠の感謝を捧げたい。そして、この神の賜物を、我々の余生に生かし、周囲の人々に伝えることを期して、告別の式辞といたします。

小西芳之助の同労者石館守三の心情あふれる式辞であった。この式辞の中で、「難信易行という言葉が、先生の信仰生活の結論である」、また「救いの福音を一生を賭して説いた先生を通して、その福音の奥義にあずかった。先生の一生の手本を見せて頂いた。この人生の出会いに、我々は誠の感謝を捧げたい」と述べられている箇所に深く賛同する。

また、教会員で同志会外会員の加藤栄一は、弔辞の中で次のように述べた。

先生は、恵心僧都が、みずからは一宗一派を立てることをせず、生涯叡山の一学僧として終ったことを、「私はそれが気に入っているのだ」とおっしゃいました。そして、自分は、後に一人の親鸞を起こしたならば足ると、一生の望みを言われました。日本基督教団の一教会の牧師として終始されたのは、そのお言葉の通りであります。しかし、事実上、未曽有の易行道「恵心流キリスト教」を開かれ、その伝道は同信の私たちによって開始すると宣言して、召天されたのであります。

先生の称え出された「わが主イエスよ」との称名を、一人の弟子が真似して称え、そして、二人、三人と称え始めております。日蓮は、「日蓮一人、初めは南無妙法蓮華経と唱へしが、二人三人一〇〇人と、次第に唱へ伝ふるなり。未来も又然るべし。……広宣流布の時は日本一同に南無妙法蓮華経と唱えんことは大地を的とするなるべし」と申しました。今の私たちは、この二人三人一〇〇人のともがらであると信じます。先生、私たちが、先生のお教えにより、称名しつつ、手に来るわざをなしつつ、生涯を送りますのをご覧下さい。

前夜式、出棺式、葬儀の凡ての式次第の内容は、録音テープから起こされ、編集されて、『その時の喜びや如何――導源小西芳之助先生の召天記録』と題して、昭和五五年一一月に発行され、いまも手元に置いて読むことができる。

教会解散のその後の手続き

小西牧師が亡くなったため、昭和五五年四月二〇日、臨時役員会を開き、主任担任教師代務者として、小西美江伝道師を選任し、四月二三日、日本基督教団へ教会解散承認申請を提出した。教団は、七月二一日、高円寺東教会の解散について同意した。

一〇月一六日、東京都へ宗教法人解散認証を申請し、一〇月三〇日、現場調査を受け、一一月一〇日、東京都から解散認証を受けた。一一月一二日、宗教法人の解散登記をした。教会解散のための実務は、教会員で行政書士の深谷秀夫が担当した。

第二部　信仰——『ローマ人への手紙講解説教』より

小西芳之助は、昭和四六（一九七一）年から四七年にかけて六〇回にわたって、高円寺東教会で、第二回目のロマ書の講解説教を行なった。この講解説教は、毎月『よろこび』に掲載していた説教要旨を合本し、昭和四八年に『ローマ人への手紙略記』として発行され、昭和五一年には、高円寺東教会の信徒と同志会の会員有志によって、録音テープより起こされた原稿により、『ローマ人への手紙略記別冊』として出版された。その後、小西芳之助の没後、石館基が中心になって編集を行ない、平成六（一九九四）年九月、『ローマ人への手紙講解説教――恵心流キリスト教』という題で、キリスト新聞社より出版された。

以下、このキリスト新聞社発行の版により、小西芳之助のロマ書講解説教の特徴があると思われる箇所、重要と思われる箇所を紹介することとする。なお、各項目の小見出しおよび本文中の〔 〕は、筆者〔山口〕がつけたものである。

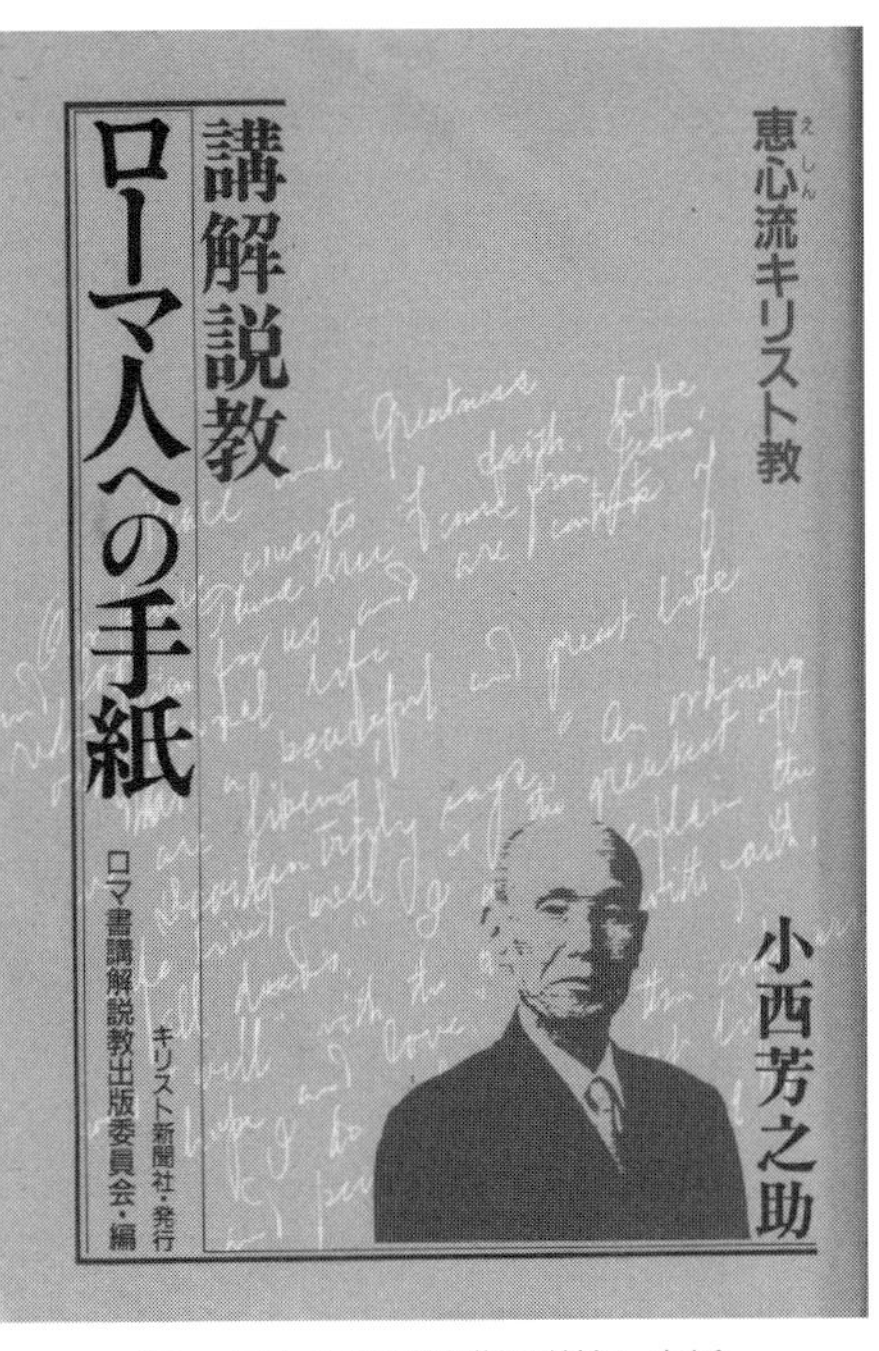

恵心流キリスト教
講解説教
ローマ人への手紙
小西芳之助
キリスト新聞社・発行
ロマ書講解説教出版委員会・編

『ローマ人への手紙講解説教』表紙

第一講　ロマ書の意義

ロマ書一〇章一―一三節

（昭和四六年一月一〇日説教）

〔私と内村鑑三先生〕

ロマ書についてお話するとなりますと、私は、どうしても内村先生について語らざるを得ません。いつもの繰り返しになりますが、私と内村鑑三先生との関係につきまして、少し申し上げたいと存じます。

テープ起こしを分担した同志会会員達と教会員

内村先生は、今から五〇年前、大正一〇（一九二一）年一月一六日から、東京大手町にある私立衛生会館において、ロマ書の講義を始められました。それから、約二か年にわたり、ロマ書を六〇回に分けて講義なさいました。私は、幸いにも高等学校の二年生の初め、大正七年の秋から、内村先生のお話を聴き始めましたから、大正一二年の三月に大学を卒業するまで、満四年半、足掛け六年間、毎日曜日に内村先生の聖書講義を聴いたことになります。続いて、大正一二年の九月から大正一四年の三月までの三年間は、毎日曜日は出席できませんでしたが、できるだけ先生の講義を聴くように致しました。特に、大正一〇、一一年の二年間は、丁度私が大学生でしたから、先生のロマ書講義を全部聴くことができました。

内村先生は、大正八年の五月から四年間、五九歳から六三歳まで、私立衛生会館で講義をなさったわけですが、そのうちの二年間をロマ書の講義に当てられた。先生ご自身が仰せになっている通り、この時期は先生の最高潮の時期でありました。先生は、「自分が最もよく研究した書はロマ書で、これが自分の信仰である」と言っておられた。そうですから、内村鑑三全集に出てくる『羅馬（ロマ）書之研究』の序文を読んでみましても、いかに内村先生がロマ書に傾倒しておられたかが分かります。「このロマ書はあたかも自分の信仰を語っているかのようである。六〇回の講義を一〇〇回、二〇〇回にしたとしても、話の種は尽きない。六〇回の講義を終えた時には本当に惜別の情に堪えなかった」と述べておられます。こと程左様に、内村先生はロマ書に傾倒しておられた。私は、そのロマ書の講義を全部聴くことができました（『ローマ人への手紙講解説教』キリスト新聞社、一九九四年、二―三頁。以下同じ）。

〔ロマ書の意義〕

ロマ書の意義、すなわち、ロマ書とはどんな書であるかと言えば、「キリスト教の真理、すなわち、福音の真理を、最も明瞭に説明した書である」ということであります。これに勝（まさ）る書はありません。旧約、新約聖書を通して、キリスト教の真理であるこの福音を、ロマ書程明瞭に説明してある書は他にありません。これは、世界の学者の一致した見解であります。本日は、ロマ書が最も明瞭に説明している福音の性質、福音の内容、その福音を受けて自分のものとする方法、最後に、この福音が人類に及ぼした影響と、四つの点について、簡単に申し上げたいと思います。これが、ロマ書の意義を明らかにする所以（ゆえん）であると思うからであります（四頁）。

〔福音の内容〕

福音の内容とはどういうものか。福音の内容を一言で言えば、「神のひとり子、イエスが、十字架にかかって、我々の罪悪、罪咎（つみとが）、汚れ、不義、すべての悪いところを贖って、赦し、帳消しにして、キリストの持ち給う永遠不滅の生命を我々に与えて下さった」ということであります。これが福音の内容であります。

この「永遠不滅の生命」について、パウロは、ロマ書においては「神によって義とせられる」、「栄化せられる」と、「神の義」と「栄化」という言葉を使いました。また、ヨハネは「限りなき生命」という言葉を使いました。これらは皆同じ意味であります。私は、このヨハネの「永遠の生命」、「限りなき生命」という方が分かり易くてよいと思います。この「永遠の生命」というものは、古今東西を通じて人類の理想、憧れであります。仏教では、人間が仏になることを目的としています。智慧無量、生命無量、慈悲無量、こういう存在を仏と言いますが、東洋人はこういう理想を求めて来た。ですから、「限りなき生命」と言った方が仏教の人にもよく分かります。これは、古今東西を問わず、人類の希望、願望です。かつて、塚本虎二先生は、「人はなぜ死ぬのが厭なのかと言えば、人間はこの永遠の生命を受ける道があることを、無言のうちに教えられているからである」と言われました。私は、これは適当なる言葉だと思います。人間が死にたくないのは、そういう希望があるからです。この「永遠不滅の生命」を、神がイエス・キリストを通して下さったというのが、福音の内容です。「神はそのひとり子を賜わったほどに、この世を愛して下さった」（ヨハネ伝三章一六節）とありますが、この「賜った」は完了形です。それを人間側が受けるか、受けないかということが残っているだけであります。神の方では、終わっている。イエスは、十字架上で「終わった」と言われた。英語で言うならば、「finish」あるいは「completed」です。人間側から、それに何かを付け加える必要はありません！　宜しいですか。これが福音の内容です（五一六頁）。

〈福音を自分のものとする方法〉

それでは、この福音の内容を自分のものにするにはどうしたらよいか。これは、福音の性質と関連しています。それを考えるには、福音の性質から考えてみれば宜しい。福音は、我々の力を超えています。我々の力では、それを自分のものとすることはできない。我々の力、「我々の」と付くものでは、それを自分のものとすることはできません。では、どうすればよいか。そうして下さる神の力を、「信じる」ほか仕方がない。「信じて行う」、「信じて真似をする」ほか、方法はありません。これは、語学の勉強とよく似ています。英語の勉強では、英米人の発音を真似するしか方法はありません。「th」の発音であれば、舌の上下を前歯で軽く挟んで「ス」と発音しなければ駄目です。日本人はそうして「thank you」と言わないといけない。日本語には元来そんな発音はありませんから、何回も真似をする必要がある。このように、新しい真理を発見するには、信じて真似をする以外に手はない。この福音の内容を信じて、真似をするのです。ヨハネ伝三章一四、一五節には、「モーセが荒野でへびを上げたように、人の子もまた上げられなければならない。それは彼を信じる者が、すべて永遠の生命を得るためである」と書いてあります。ですから、この福音の内容を信じて「主イエスを仰ぎ見る」のです。この「仰ぎ見る」というのは、頭の仕事ではなくて、身体の仕事です。肉体の行動です。（仰ぎ見る姿勢を示しつつ）こうすることです。十字架にかけられた主イエスも、復活された主イエスも、我々の眼には見えませんけれども、こういう姿勢で仰ぎ見る。内村鑑三は、キリスト教は「仰ぎ見る宗教だ」と言われました。先生のロマ書第一講では、「十字架の主を仰ぎ見て義とせられ、復活のイエスを仰ぎ見て潔められ、再臨されるキリストを仰ぎ見て栄化する。キリスト教とは徹頭徹尾仰ぎ見る宗教である」と言われました。ところが、内村先生の弟子で仰ぎ見ている人は少ないように思う。師の言に従わない者は、弟子ではありません（六—七頁）。

〔主の御名を称える方法〕

……もう一つの方法は、ロマ書一〇章一—一三節で指摘されている方法、すなわち、「心に信じて、口で主の御名を称える」という方法です。この箇所は、キリスト教の歴史において、これまで大きな問題とはなっておりません。しかし、このロマ書一〇章一—一三節は、私は大胆に預言しますが、日本および人類のキリスト教の歴史において、この箇所を問題とする日が必ずやってくる。これは、私が言うのではありません、恵心僧都がそう言っておられる。

私の実家と養家が浄土宗の信者でありましたから、私は幸いにして浄土門の教えに接することができました。

その浄土門の信心の眼をもって、ロマ書を熟読玩味すれば、このロマ書一〇章一―一三節がロマ書の中心としてクローズアップしてくる。表に出てきます。……私は、キリスト教の歴史において、このロマ書九章から一一章まで、特に一〇章が必ず重大な問題となると、確信を持って預言致します。ヨハネ伝では、「信じて仰ぎ見る」という方法ですけれども、ロマ書は「信じて主の名を称える」という方法です。あの疑い深いトマスが、最後には「わが主よ、わが神よ」と言った、あの口で「わが主イエスよ」と称える方法です。「主の御名を呼び求める者は、すべて救われる」というこのロマ書一〇章一三節の言葉は、人類とキリスト教の歴史において、恵心僧都を通して、明らかにされる時がきっと来ます。私はそう信じます。恵心僧都がもしロマ書を見られたならば、このロマ書一〇章一―一三節を指して、これはわが文句なりと言われるに違いない。

あのマルティン・ルッターの宗教改革が〔ロマ書〕一章一六、一七節の言葉によって興ったように、また、オーガスチン〔アウグスティヌス〕がロマ書一三章の最後の個所、あの「再臨の日は近し……」の言葉をもってローマンカトリックを興したように、そのようにはまだこのロマ書一〇章一三節は問題にされておりません。私は、これは誠に残念に思います。これを明らかにするのは、東洋人の責任であります（八―九頁）。

〔キリスト教の基礎は「福音」〕

……キリスト教の基礎は福音にあります。何事でも基礎が大事です。私は、テレビで相撲を見るのが好きですが、豊山と言う大関が昨年引退することになりました。この豊山という大関は身体も大きいし、力も強いし、要するに相撲が強い。ところが、大事な一番になると負けるのです。丁度、将棋の大山名人が観戦しておられた時のことです。アナウンサーが大山名人に、「豊山は大事な一番によく負けるのは、どういうわけでしょう」と聞きました。名人は、「当たっているかどうか分からないが、私はどうも豊山は基礎がないいんじゃないかと思います」と言われた。あの豊山という人は、学生相撲の出身です。学生相撲ですから、十代からの本当のプロの厳しい修練は受けていないでしょう。よくは分かりませんが、私は、大山名人の言葉は当たっているのだろうと思う。これは相撲に限らない。何でも基礎が大事です。何事でも基礎がなかったら、何十年やっていても、ぐらぐらしています。

キリスト教の基礎は「福音」にあります。そして、この福音を最も明瞭に説明したのがロマ書です。ですから、このロマ書を本当に勉強することが、いかに大切であるかが分かる。ルッターは、彼のロマ書注解の序文において、「このロマ書は、福音を最も明瞭に説明している書であって、これをいくら学んでも学び過ぎるということはなく、いくら考えても考え過ぎるということはない。一字一句を覚えたらよい」と言いました。私は、福音はロマ書にあり、そして「このロマ書を最も簡単明瞭に説明したのが一〇章一―一三節なり」と確信する（一一頁）。

第二講　パウロの自己紹介（一）

ロマ書一章一―一七節

（昭和四六年一月二四日説教）

〔称名から称名へ〕

称名の行も献身の行も共に大切でありますけれども、特に「称名」が大事であります。これらの二つの行が本当に分かってきますと、信（個人の救い）が分かってくる。また逆に、信（個人の救い）から行（称名、献身）が出てくる。人間の道徳を解決（aufheben）するものは「信」であるし、また、「信」の問題を解決するものは「行」であります。しかもその行は、難しい行では駄目です。万人に可能な行でなければいけない。「称名」は、誰にでも可能な行であります。

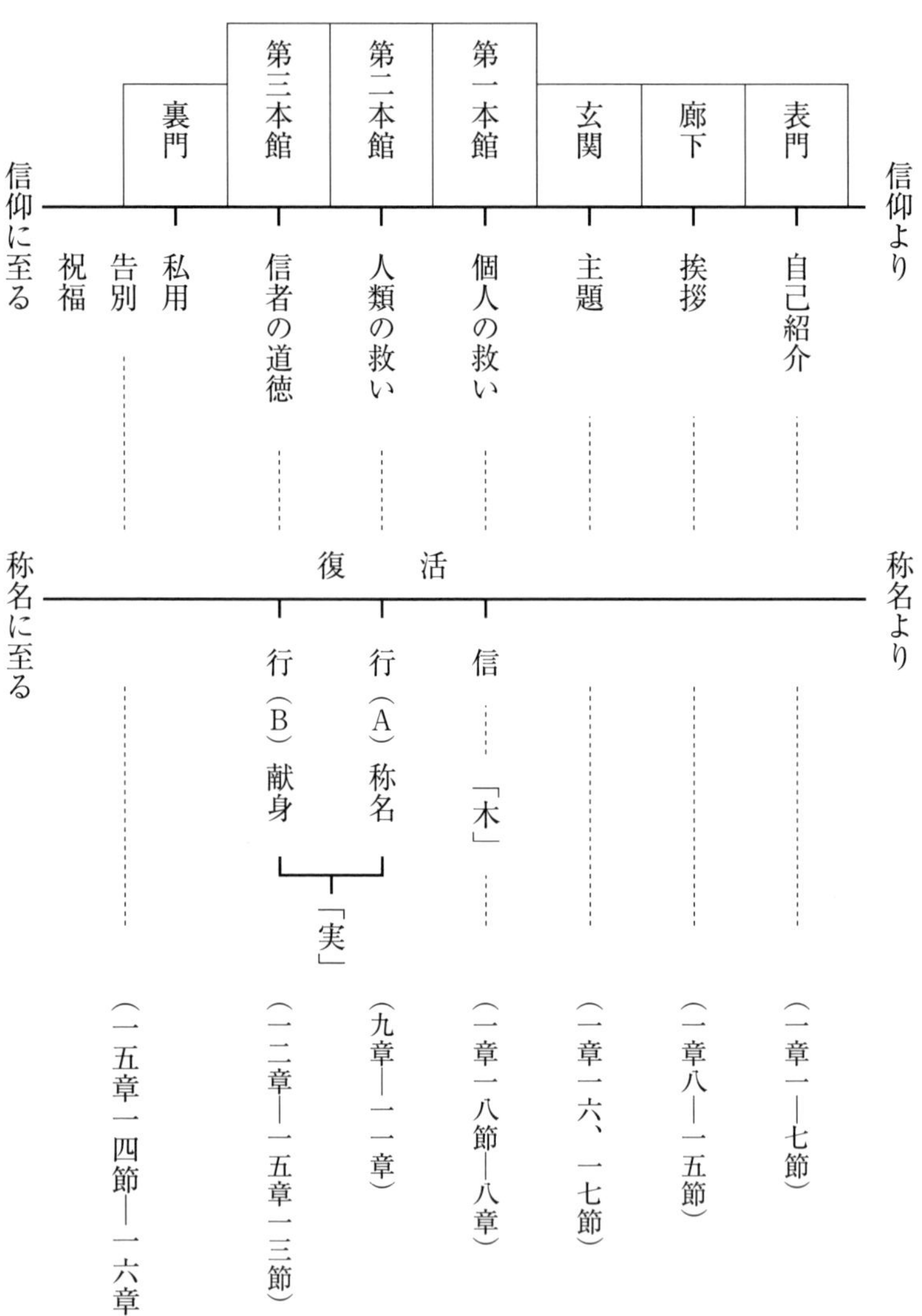
信仰より
表門
自己紹介
（一章一—七節）
廊下
挨拶
（一章八—一五節）
玄関
主題
（一章一六、一七節）
第一本館
個人の救い
信
「木」
（一章一八節—八章）
第二本館
人類の救い
行（A）称名
（九章—一一章）
第三本館
信者の道徳
行（B）献身
「実」
（一二章—一五章一三節）
裏門
私用
告別
祝福
（一五章一四節—一六章）
信仰に至る
復活
称名より
称名に至る

そこで、私は〔内村先生が書かれた〕この図の上の方に書かれている「信仰から信仰へ」を、「称名から称名へ」と変えました。なぜなら、信仰の現われが称名ですから。「義人は信仰によって生きる」という文句は「義人は称名によって生きる」と書き換えても宜しい。もしも日本人に生れなかったなら、私はこのことに気付かなかっただろうと思います。「信仰」ということに引っ掛かって、そのために信仰は難しい、続けられないということになってしまう。恵心僧都は、「妄念の中で称名せよ」と言われた。妄念とは、信仰がないことです。「信仰がないままで御名を称えよ」ということです。ここで、私はパッと分かった。信仰がないままでできることと言えば、この「称名」だけです。「称名」によって落第生が救われること、これが福音であると私は思う。優秀な人が救われるのであれば大したことではありません。どうしようもない者が救われる、これを、「イエス・キリストの贖い」と言う（一九―二〇頁、右の図は一六頁）。

〔よき人の仰せを被りて信ずる〕

私は、日本人に生れたことを感謝しています。ちょっと勉強さえすれば、横文字も多少は読めるようになる。そして、日本の古い文章も読める。西洋人には、歎異鈔などは読めません。私の仏教の先生であった島村清吉先生は、この歎異鈔は、将来外国人が日本語を勉強して研究する日が必ずやってくると言われました。横川法語には、「又曰く、妄念はもとより凡夫の地体なり。妄念のほかに別に心は無きなり。臨終の時までは一向妄念の凡夫にてあるべきぞと心得て念仏すれば来迎にあずかりて蓮台に乗ずる時こそ妄念をひるがへして覚（さとり）の心とはなれ」と書いてありますが、我々ならこの言葉の意味をそのまま理解することができる。何と日本人は幸いではありませんか！　仏教の先輩、恵心、法然、親鸞らの書いた文字が読めるのですから。「ただ念仏して弥陀に助けられまゐらすべしとよき人の仰せを被（こうぶ）りて信ずるほかに別の子細なきなり」という親鸞の言葉は、もし西洋人であったなら、恐らく一〇年も二〇年もかかって日本語を勉強しなければ分からないでしょう。我々日本人にとっては、余りにもありふれている、余りにも立派な宝ですから、かえってその宝が分からないのだと私は感じます（二二二―二二三頁）。

第三講　パウロの自己紹介（二）

ロマ書一章一、二節

（昭和四六年一月三一日説教）

〔ユーアンゲリオーン（福音）がロマ書の中心問題〕

……第一節「キリスト・イエスの僕（しもべ）、神の福音の為に選び別たれ、召されて使徒となったパウロ」……。

……「神の福音のために選び別たれ」について説明します。「福音」とは、「よき知らせ」のことであります。内村先生は、「ユーアンゲリオーン」という原語をお挙げになり、「言葉というものはその性質を表わす。ユーアンゲリオーン、この言葉には何とも言えない優しい響き、人を慰めるような響きがある」と仰せになった。五〇年前に聴いた先生のこの言葉が私の耳にまだはっきり残っています。「ユーアンゲリオーン（福音）」、これがロマ書の中心問題であるばかりでなく、新約聖書、旧約聖書全体の中心問題であります。福音とは読んで字のごとく、「よき知らせ」です。「善行をせよ」とか、「偉い信仰を持て」とか、そういうことではありません。信仰を持つということは難しいことであります。……

この「よき知らせ」、新約聖書の「福音」は、厳密な意味において、パウロの発明によると言えると思います。ロマ書を繰り返し読めばそれが分かる。これは、パウロの新発見です。それを書いてあるのがロマ書であります。人類の二〇〇〇年の歴史において、最も大いなる貢献をしたのはこのロマ書です。四福音書は、このロマ書に及びません。四福音書は、ロマ書の説明に過ぎない。オーガスチンのローマンカトリック、ルッターのプロテスタント、また、ジョン・ウエスレーのメソジスト、これらは皆ロマ書によったと言えます。ロマ書なくして、オーガスチンなく、ルッターなく、ジョン・ウエスレーはない。

……人類の本当の宝と言われるものは、この数千年かかって蓄えられてきたものであります。新しい真理と言っても、古き真理を発見するに過ぎない。我々の信仰も、また同じです。先人の味わった信仰の再発見に過ぎない。我々の信仰と言っても、それは、パウロ、ルッター、あるいはウエスレーの信仰であります（二七―三〇頁）。

〔聴いておけ、覚えておけ〕

諸君！　この「福音」の内容をはっきり聴いて下さい。信ずる、信ぜぬ（私は信じてもらいたいけれども）は諸君の自由ですが、しかし、福音というものはこういう「よきおとずれ」であるということだけは、聴いておいて下さい。これが私の願いです。これが諸君の役に立つ時が必ず来ます。君達が死ぬ時に必ず役に立つ。そして、もう一つ、キリストが再び来給う時に役立つ。どちらが先に来るかは分かりませんが。私の説く福音は、この世において偉い人になるとか、この世において善行するとか、あるいは、大きな事業をするとか、そのような目的には役立たないかもしれません。しかし、この世で肉体が朽ちる時には、必ず役に立つ。肉体が朽ちるのに、二つの方法があります。すなわち、キリスト再臨の時と、キリストが来られる前に我々が死ぬ時。この、人間にとって最も重大なる時に、この「福音」が役に立つ。内村先生は言われた。「諸君、君達は今、十字架の贖いということは分からないかもしれない。分からなくとも宜しい。信じなくても宜しい。聴いておけ。覚えておけ。死の波河を渡る時に思い出せ」と。私は、学生時代に聴いたこの言葉を覚えています。内村鑑三の福音は、そういうものであります（三〇―三一頁）。

第四講　パウロの自己紹介（三）

ロマ書一章三、四節

（昭和四六年二月二一日説教）

〔イエスの復活こそがキリスト教の中心〕

……パウロは、ロマ書八章で「イエスは初穂であり、我々の長兄である」と言っています。イエスが、その復活によって我々の復活を予告し給うたからであります。我々も復活して、復活された神の子の弟妹となるという福音を意味しております。このイエスの復活こそがキリスト教の中心であり、また、キリストの復活にまで人間を引き上げることを「キリスト教」と呼ぶのであります。諸君は、自分の救いの観念について、もう一度検討し直す必要がある。この「復活」ということが、パウロのすべてです。彼は、この復活を目当てとして、毎日を生きておられた。それ故、他の追随を許さない力を持っておられた。ここに秘密がある。彼が人類の教師である理由は、ここにあります（三九頁）。

第五講　パウロの自己紹介（四）

ロマ書一章五―七節

（昭和四六年二月二八日説教）

〔目の前に置かれた義務〕

……贖いの恵み、パウロは、それ以外の恵みを恵みとは言わない。我々に健康が与えられているとか、能力が与えられているとか、善行をする能力が与えられているとか、あるいは善行をなし得たとか、そういうものはパウロの言う恵みではない。十字架の恵みのことであります。神が我々の罪咎を贖い、我々のすべてを贖い、すべてを帳消しにして、我々に永遠不滅の生命を与えて下さった、これを「恵み」という。これ以外を恵みとは言わない。この恵みこそが福音であり、われわれはこれを受けさえすればよい。福音の理解は易い。疑わずに頂戴さえすればよいのですから。

恵みはすべての人に向けられておりますが、パウロには特別に使徒という職が与えられました。使徒というのは、福音宣伝の務めを持つ者です。牧師の務めもこの使徒の務めと同じです。私は、この高円寺東教会で福音を述べて、自分の務めを果たしつつあります。パウロには使徒たる務めがあり、この務めを行うことが神の意思を行うことです。この神の意思を行うこと、すなわち自分の務めを行うことを、「愛」という。運転手は運転をすればよい。これが神の意思、愛を行うことであり、これが人類に奉仕する最も尊い務めです。妻は妻として、会社員は会社員として、学生は学生として、果たすべき務めがあります。神がそれをやれと言っておられる。これは難しいことではありません。目の前に置かれた義務です。これを遠くに求める必要はありません。キリスト教でいう「愛」は、目の前にある。「汝の手にあり、口にあり」とパウロは言いました。本当に深い愛は、目の前にあります。遠くに出て行く必要はありません。諸君は、自分の目の前に置かれた日々の務めをおろそかにしてはならない。私が今こうして福音を宣伝できるのも、過去二〇年の間、嫌いな務めをしてきたお陰です。私は会社員であった頃、好きでない仕事を辛抱してやって来ました。イエスは、三〇歳までは大工の仕事をやっておられた。どんなに苦しくとも、与えられた自分の仕事を怠けてはいけません。辛抱してやり給え。きっと道が開けて来ます。私も五〇歳になって、俄然として道が開けて来ました。伝道師の方が長くなった。もう二五年目になりますから。私には私の務めがあります。みなさんにもみなさんの恵みと務めがあります（四四—四五頁）。

第六講　ローマ訪問の計画

ロマ書一章八―一五節

（昭和四六年三月七日説教）

〔パウロの謙遜〕

以上、一章八―一五節までの私の注解を振り返って、第一に感じますことは、一言で言えば「私はあなた方に会って福音を宣べ伝えたい」ということです。このことを延ばして書いてある。「会いたい」という字が一回、「行きたい」という字が二回、ここにパウロの切々たる情が出ています。福音を宣べ伝えたいというのは、霊の賜物を分け与えたいためです。

第二は、パウロの謙遜です。パウロには教えるだけの十分な資格があります。資格において、パウロの右に出る者はいないでしょう。そのパウロが、「私の信仰ではなく、あなたがたの信仰によっても共に励まされるために」と言っています。事実、パウロは彼らの信仰によって励まされた。他人の信仰を喜ぶ。伝道者というものは、そういうものです。諸君の小さな信仰がいかに私を励ましていることか。諸君が私の貧しい福音の伝道を聞いてくれる、この励ましによって、私は二四年間、ここで福音を説くことができたのです。謙遜によって、人の偉大さが分かります。人間の人格のバロメーターは、「謙遜」です。

第三に、パウロのローマ訪問の切なる願いは、後日満たされました。しかも、パウロの予想しなかった方法によって、その祈りが聴かれたということです。私は、これには何とも言いようのない深い人生の秘義があると思います。パウロは、囚人としてローマに護送された。囚人として座敷牢に二年間いた間に伝道し、ついに、ローマで処刑され、殉教した。行きたい、行きたいと願っていたローマで処刑された。その殉教によって、テモテ後書において学んだごとく、全人類に向かって、有力なる伝道を果たした。福音を弁証した。神は、パウロの予想せざる方法、すなわち、殉教において、パウロを通して、福音を全世界に伝道し給うたのであります（五五―五六頁)。

第八講　問題の提出（二）

ロマ書一章一六、一七節

（昭和四六年三月二八日説教）

〔救いとは〕

〔私は福音を恥としない。それは、ユダヤ人をはじめ、ギリシヤ人にも、すべて信じる者に、救を得させる神の力である（一章一六節）。〕

……我々はどうしても、この救いというものがどういうものであるのかについて、知る必要があります。知るだけではいけません。これを自分に当てはめねばなりません。これが難しい。知るだけなら、普通の能力のある人であれば一日で分かる。しかし、これを自分の生活に当てはめて、これが自分の生活に生かされるようになるのには、毎日この真理を思っていても、最低一〇年はかかります。私は、幸か不幸か、君たちのお蔭で二二年間、毎日聖書を強制的に読まされました。それで、少しくこの救いの意味が分かるようになった。諸君！　この救いを知りたいならば、少なくとも、毎日一〇年、この真理を心にとめる必要があります。そしたら、この真理は自分のものになる。義務教育でさえ九年かかります。日本民族としての最低の知識を得る義務教育でも九年です。いわんや、永遠不滅の真理を自分に体得するのに、そう易々と行くわけがありません。私は少なくとも一〇年間は毎日この真理を思う必要があると思う。その多少、遅速は問題ではない。毎日やるかやらないかにあります。この真理は、我々にとっては外国語です。ピンときません。我々はこの世のものが欲しい、この世の幸福、この世の名誉が欲しい。永遠の生命は欲しくない。しかし、神の救い、ソーテーリアというものは、神がキリストにあって我々の罪を赦し、神の子となして永遠不滅の生命を与えるということです。……しかし、一度この真理が我々のものとなる時に、キリストが言われるように、「汝らは地の塩、世の光」となり、この世において恐るべきものがなくなる。初めて平安が与えられる。キリスト教の救いというものは、そんなに生易しいものではありません。褌（ふんどし）を締め直してかかる必要があります！（六九―七〇頁）

第九講　問題の提出（三）

ロマ書一章一六、一七節

（昭和四六年四月四日説教）

〔難信易行〕

〔神の義は、その福音の中に啓示され、信仰に始まり信仰に至らせる。これは、「信仰による義人は生きる」と書いてあるとおりである（一章一七節）。〕

要するに、本日学びました「信仰」、「贖いを信じること」は極めて難しい。信じることは誰にでもできるから非常に易しいと、どの注釈書にも書かれていますが、ノー！　ベリー・ディフィカルト！　極めて難しい。度々申し上げる通り、それは、我々にその欲望がないからであります。山海の珍味も、食欲のない者にはナンセンスです。信仰で救われることは簡単のようですが、これは難信の法です。いわんや、この信仰を持ち続けることは、人間にとっては不可能です。ひとえに聖霊の御助けによる。そしてそれは、我々の「称名」となって現れる。「称名」であれば、誰にでも可能です。

このままで　我が主イエスの名を呼べば
我は知らずも　主ともに在す（小西先生自作の歌）

「主の名を呼ぶ」ということは、神から賜った妙行です。我々のような凡夫は、ひとえに、この神から賜った行によって、信仰を保ち、信仰を完成することができる。これが私の経験です。これを、私は恵心僧都から学びました。恵心僧都は、救い主の名を呼ぶことによって、彼の信仰を完成した。それ故、私の信仰を「恵心流キリスト教」と言います。恵心僧都は、数え年七三歳の時、九条右大臣の請によって、阿弥陀経を講義した。春三月と書いてありますから、ちょうど今頃の時候でしょう。……七三年間の仏教の研学、大蔵経千巻を数回読破して、彼の蘊蓄(うんちく)を傾けて、日本の有力者を前にして、この阿弥陀経を講義された。私も、満七二歳で、この春三月に、私の尊敬する兄弟姉妹の前で、ロマ書一章一七節の講義をなし得たことを感謝します。そして私は、恵心僧都が阿弥陀経をお信じになられたごとく、私もロマ書を信じたい（八〇―八一頁）。

（昭和四六年四月二五日説教）

第一〇講　異邦人の罪（一）

ロマ書一章一八―三二節

〔自分は罪人、滅ぶべき者〕

自分の傲慢は、自分では分かりません。神から与えられる真理の御霊によって、初めて分からされるのです。これを悔い改めと言う！　この時に、自分自身に対する見解が一変します。「自分は今までは普通の人間だと思っていたが、実はそうではない、自分は罪人である、自分は滅ぶべき者である、神の怒りが自分に向かっている」と、こういうことを分かった者をクリスチャンと言う。「あなたがたは、いや、君は罪人であって、滅ぶべき者だ」などと言うのは、言う方もいやなら、言われる方もいやです。しかし、牧師が教会へ来た人に「君は偉い、教会へよく来てくれました」などと言ってご機嫌をとっているようでは、それは教会ではない。教会という場所は、「君は滅ぶぞ、君は罪人であって滅ぶべき人間だぞ」ということを教える所です。そして、「君は偶像崇拝者だぞ」ということを教える人、それを伝道者と言う！「自分が罪人であって、滅ぶべき人間である」ということが分からなければ、何十年教会へ来ていても聖書の真理は分かるはずはありません。分かる道理がない。食欲のない人に山海の珍味を出してもナンセンスです。

諸君！　胸に手を当てて、よく考えて見て下さい。諸君は、この人生において、何を最も大切にしていますか。それは、自分自身でしょう。自分自身を最も大切だと思っている者を、偶像崇拝者と言う！　すなわち、神ならざるものを神としている。ピリピ書三章一九節には、「彼らの神はその腹」と書いてあります。すなわち、「貪る心、これ偶像崇拝なり」とパウロは言っているのです。……

諸君、私の言うことが聖書に適っているか、あるいは間違っているか、虚心坦懐に聖書を読んで見給え。私は、この二二年間、君達のお蔭で聖書を読ませて頂きました。そして来世におけるこの最後の審判について学びました。キリスト教というものは、甘っちょろいものではない。内村先生は「愛というものは、柔らかなものではなく、岩石のごときものだ」と言われました（八七―八九頁）。

〔「万人は罪人である」これも信仰〕

神を信じない時に、我々に神の怒りが臨むということを信じる、これは信仰です。この一章一八節から三章二〇節までに「万人は罪人である」と書いてありますが、これについても、我々は理性をもってしては知ることはできない。これも信仰です。我々は、ロマ書三章二一節から八章までに説かれているキリストの贖いを信じるのと同じように、その同じ信仰をもって、我々はこの一章一八節から三章二〇節までの「万人は罪人である」との真理を信じるのであります。これは信仰です。ロマ書は信仰の書です。始めから終わりまで信仰であります。

本日のレッスンでは、パウロは「君たちは偶像崇拝に陥っている」と、異邦人を責めました。……

私は、数々の偶像の中でも最大の偶像は、我々の「自己」であると思います。我々は自分を偶像としています。

なぜなら、やはり我々は自分自身が一番大切ですから。そのためパウロは、我々異邦人の神とは我々の腹である、その貪る心が偶像崇拝であると言いました。私は、「自己」以外の偶像として、もう一つ大きなものは、物質、金銭であると思います。これは現代の人間が崇める最大と言ってもよい程の偶像であります。そしてもう一つの偶像は科学です。科学とか学問も、偶像の一つと言って宜しいと私は思います。この教会には、大科学者にして信仰のある石館兄弟がおられて、科学を偶像とすることに対して大いに警戒をして下さっていますから、我々の教会は非常に幸福であります。多くの教会は、この科学のために毒されています。科学で説明できない真理は信仰しないという、そういう神学がこの頃はやっています（九二―九三頁）。

第一二講　ユダヤ人の罪（一）

ロマ書二章（上）

（昭和四六年五月一六日説教）

〔私の福音理解の根底〕

ロマ書三章二一節は、旧い訳では「今律法の外に神の人を義とし給ふ事は現れて、律法と預言者とはその証しを為せり」となっています。この「律法の外に」という箇所を、〔内村〕先生は「我々の律法、道徳とは無関係に、神が人を義とし給う事は現れた」と仰せになりました。私は、その時に初めて、我々の律法、道徳、すなわち、我々の行ないとは無関係に神が人を義とし給うという、その福音の意義が分かり、そのことが私の心に深く刻み込まれました。丁度昨日が五〇年目の記念日に当たります。内村先生が、当時ドイツ式鉄筋コンクリートの建物であった大手町の私立衛生会館でお話しになったその日の光景が、昨日のことのように思い出されます。この時に分かったことが、私の福音理解の根底をなしています。このことは、たびたび申し上げておりますが、本日は昨日の記念日に最も近い日曜日ですので、もう一度申し上げました。諸君も、私から聴いたことの殆どはお忘れになっても宜しいが、「神が我々を救い給うのは、我々の行ない、我々の心の状態によらず、ひとえに、イエス・キリストの十字架の贖いによって救われ、永遠不滅の命を頂く」というこの福音の真理だけは、どうか覚えておいて頂きたいと思います。そして、それがまた、諸君の生命となることができますように。これが、私がロマ書を諸君に講義している目的であります（一〇六頁）。

第一七講　神の義（一）

ロマ書三章二一節

（昭和四六年九月一二日説教）

〔ロマ書全体の真理の一瞥〕

一章一八節から三章二〇節までで、我々が滅ぶべき者であることを学びましたが、これが「万人罪人の信仰」であります。本日から入ります三章二一節から七章の終りまで、これが「贖罪の信仰」であります。これを福音と言います。ロマ書全体が福音でありますが、この贖罪が福音の中心的内容であります。それから、八章は「復活の信仰」になります。そして、八章までで信仰の部は終わり、九―一一章では、「主の名を呼ぶ行」、これからが「行ない」に入ります。すなわち、「我が主イエスよ」と、主の名を呼ぶ行が書かれています。この行について、内村先生は詳しくは説明されませんでした。先生はこれを後からくる者にお譲りになったものと思います。

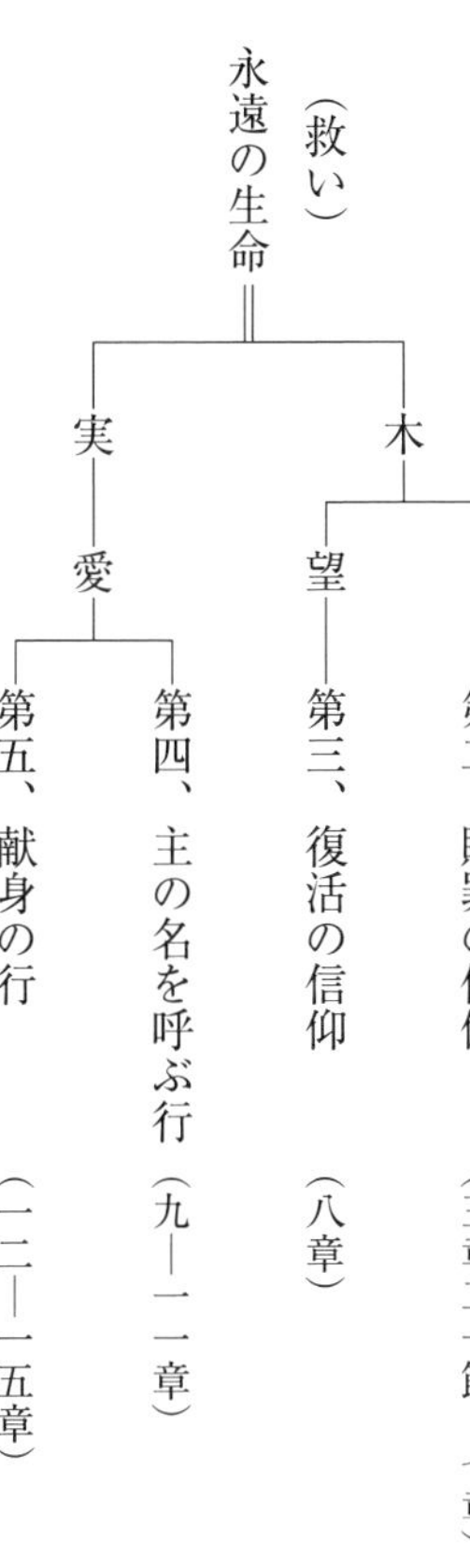

次に、一二―一五章が「献身の行」、すなわち、我が身を献げる行であります。これを簡単に言えば、毎日目の前にくる義務、それをなすこと、これを献身の行と言います。

以上の五つが、ロマ書に含まれている霊的真理であります。前回すでに申し上げたように、私はこれらを幾何学の五つの定理に譬えています。この五つの真理を体得できたならば、すなわち、この五つの定理を自由に使うことができたならば、人生のいかなる問題も解くことができます（一五〇―一五二頁）。

〔律法道徳とは無関係に〕

二一節「しかし今や、神の義が、律法とは別に、しかも律法と預言者によってあかしされて、現された」。

……

内村先生は、大正一〇（一九二一）年五月一五日、この箇所を御講義になり、「律法、道徳とは無関係に」と言われました。その時、私は強烈な感動を覚えました。我々の心の状態、我々の行ないの状態にはよらない、ということが分かりました。その時初めて、私は福音の意味が分かったのであります。それ以来、すでに五〇年が経ちましたが、この確信は少しも動くことなく、私の福音理解の根底になっております。

救いは、我々の心の状態、我々の行ないの状態には一切よりません。律法、道徳、宗教、そのようなものとは一切無関係にであります。次元が違う！　我々人間が住む世界を三次元とすれば、神の義、救いというものは、四次元の世界に現されたと言う。しかも、その四次元は、この三次元を含んでいると言う。そして、そのことは、律法と道徳がそれを証明していると言うのであります。

……律法や道徳によって、人には罪人であるという自覚が起こってきます。こうして、律法は、この福音、神の義を準備して、福音に追いやる。そしてまた預言者たちは、この神の義が現れるぞ、救い主が現れるぞということを預言しています。ですから、律法と預言者、すなわち、旧約聖書の全体は、この神の義を証明していると言うのであります。内村先生は、「旧約は旧き新約にして、新約は新しき旧約である。旧約の中に新約は未完成の形に於て、その萌芽に於て存し、新約の中に旧約は完成の形に於て、その美わしき成熟に於て存している」と言われました。また内村先生は、日本の浄土門の仏教も、この神の義を証明していると言われました。そのことについては、来たる一〇月一〇日に、「法然上人に学ぶ」と題しまして、詳しく学びたいと思います。以上が、この二一節の大体の意義であります（一五三―一五六頁）。

〔大正一〇年五月一五日の内村先生の日記〕

この大正一〇（一九二一）年五月一五日の内村先生の日記*は、『内村鑑三全集』に出ております……私は、この日、先生のこの御説教をこの耳で聴くことができたことは感謝にたえない。五〇年の歳月は経っておりますが、昨日のように感じます。

内村先生は、ご自分の奥さんである静子夫人を紹介するのに、「家内は何にもできないけれども、三度僕と共に餓死を決心してくれた。褒めてやってくれ」と言われました。また先日、金澤常雄先輩の奥様からお聞きしたことでありますが、大正時代に金澤夫人が神学校に行っておられた頃、ある夏休みに、藤井武先輩のお宅に二か月ほど滞在された。その時、藤井先輩の家では、朝食には芋の粥を食べておられた。その頃、金澤先輩の奥様は学生でしたから、無邪気に「ああ、芋の粥は美味しいな」と言って食べておられたそうです。家へ帰ってお父さんにそのことを伝えたら、「先輩の家では、米の飯が喰えないから芋の粥を食べておられるのだ」、と言われたそうであります。このように、我々の先生や先輩は、福音を伝えるために、命がけで、文字通り困苦欠乏に耐えて、食べるものも食べずに、この福音を伝えたのであります（一五七頁）。

＊「五月一五日、日曜日、晴。愁ひの雨は夜の間に霽(は)れて、新緑輝く美はしき初夏の聖日であった。中央聖書講演会は常時に変らざる盛会であった。黒崎と講壇を共にし、同じ問題に就て語った。羅馬書第三章二一節が此日の研究の題目であった。『然し、今、律法を全然離れて神の義は顕はれたり。而して律法と預言者とは之が証明をなせり』と言ふパウロの福音の真髄に就て語った。自分ながらに非常に愉快であった。此福音を此日此所に於て唱へて余の生涯の目的が達せられたやうに感じた。何を為さずともこの福音だけは唱へずに居られない。人生何事か之に勝(ま)さるの快事あらんやである。大感謝である」（『ローマ人への手紙講解説教』第十二講の冒頭に引用されている内村の文章）。

第一八講　神の義（二）

ロマ書三章二二節

（昭和四六年九月一九日説教）

〔それはイエス・キリストを信じる信仰による神の義であって、すべて信じる者に与えられるものである。そこには何らの差別もない（三章二二節）。〕

〔ロマ書三章二二節の読み方〕

この二二節前半は、口語訳では、「イエス・キリストを信じる信仰による神の義」と訳されていますが、原語では、ここの「よる」という前置詞、すなわち、英語の「by」とか「through」に当たる前置詞と、それに続いて「イエス・キリストの信仰」と書いてあるだけです。「イエス・キリストの信仰」と言えば、いつも言っている通り、「の（of）」という前置詞は、主格の意味を表わす場合にも使われるし、また目的格を表わす場合にも使われます。……口語訳聖書では、「イエス・キリストを信じる信仰による神の義」と、目的格の意味に訳しています。しかし、私はこの訳をとりません。私は、これを「イエス・キリストが所有し給う信仰による神の義」と、主格の意味に訳したい。この解釈は、……我々の祖先、すなわち、仏教浄土門の恵心や法然、親鸞の信仰をもってこの箇所を読めば、それを信仰と読む以上は、「イエス・キリストが所有し給う信仰」と、イエス・キリストを主格に読まねばならないことが分かるのです。これは、私の勝手な解釈や説ではありません。恵心や法然、親鸞の信仰をもって読めば、このように読まなければいけない。これは、語学の問題ではありません。信仰の問題です。私は、恵心僧都の信仰によりまして、ここを「イエス・キリストが所有し給う信仰」と主格に解釈します（一五九―一六〇頁）。

第一九講　神の義（三）

ロマ書三章二三、二四節

（昭和四六年九月二六日説教）

〔常に義とせられつつ〕

〔彼らは、価なしに、神の恵みにより、キリスト・イエスによるあがないによって義とされるのである（三章二四節）。〕

……新しい二四節に入ります。口語訳では……「彼らは、価なしに、神の恵みにより、キリスト・イエスによるあがないによって義とされるのである」となっていますが、原語は「常に義とせられつつ」となっています。原語は、受動態動詞の現在分詞形ですから、「常に義とせられつつ」と訳す以外に、他の訳し方はありません。ただの一語でありますが、実に、宇宙的な重さを持つ言葉です。これが福音の中心的な思想を言い表わす言葉で、これを信受するかしないかで、我々が救われるか、滅亡するかが決まるのであります。ところで、この「常に義とせられつつ」という言葉がどこにかかるかは学者によって異なり、多くの議論があります。しかし、どこにかかるかを決定できないとする学者の説に対して、我々は大意をくめば十分に決定できると思います。この「常に義とせられつつ」という句がどこにかかるのかと言いますと、それは「イエス・キリストによるあがないによって」という最後の句にかかります。すなわち「イエス・キリストの贖いによって、常に義とせられつつ」、となるのであります。

すなわち、我々は、我々の行ないによらず、我々の信仰にもよらず、「我々の」と付く何ものにもよらずして、ひとえに「キリスト・イエスにある贖いによって」、我々は「常に義とせられつつ」復活の朝(あした)にまで至るのであります。これをクリスチャンと言う。ですから、「キリスト・イエスにある贖いによって」というこの聖句は、「常に義とせられつつ」という聖句と同じ重さがあります。その理由は、「常に義とせられつつ」生き得る唯一の原因は、「キリスト・イエスにある贖いによる」からであります。「ただひとえにキリスト・イエスにある贖いによって、常に義とせられつつ復活の朝にまで至る」というのが、我々クリスチャンが信ずべき信仰の客体、第二の真理です。これが、パウロがロマ書三章二一節から八章三九節までにおいて詳しく説いている信仰（個人の救い）の要約であります（一七一―一七二頁）。

〔贖い〕

「贖い」とは、イエスが十字架にかかって、我々の身代りになって、すべての罪を処分して下さり、我々に永遠の生命を与えて下さったことを言います。この永遠の生命というものは、イエス・キリストの贖いにより、常に義とせられつつ、賜物として、神の恵みとして与えられるものであって、人間の側では何もする必要はありません。全部が恵みであります。イエス・キリストの贖いによって、神の恩恵として、賜物として、この永遠不滅の生命を受けることを信仰と言う。この真理を真受け（まうけ）にして、「そうか」と受けとることを、信仰によって救われると言う。……

諸君！　この二節〔三章二三、二四節〕の原語訳をよく見て下さい。この二三、二四節の中には、「信仰」という字が無いでしょう。君たちは「自分は信仰が浅い、薄い」などと言って、この信仰という字で引っかかっている。しかし、それは大間違いです。人間側の信仰を必要としない！　人間の善行を必要としないのと同様に、人間の信仰も必要としません。ストレプトマイシンは、それを飲みさえすればよい。これは簡単です。万人が往（い）けます。ここには、受け方の区別もありません。すなわち、信仰の浅い深い、長い短いの区別はありません。我々クリスチャンは、ひとえに贖いにより、賜物として、恩恵により、常に義とせられつつ、復活するのであります。

内村先生は、自分のキリスト教は主を仰ぎ見る「仰瞻教（ぎょうせんきょう）」であると仰せになりました。私は、ロマ書一〇章一三節にあるように、「我が主イエスよ」と主の名を呼ぶ「称名教（しょうみょうきょう）」だと申しております。否、私はと言うよりは、仏教浄土門の祖師方は、きっとキリスト教を「称名教」だと仰せになるでしょう。

ヨハネは、「イエスを神の子キリストと信じる者が、すべて永遠の生命を得るためである」（ヨハネ伝三章一五節）と説明していますが、このイエスを神の子と信じるとはどういうことかと言えば、「贖いにより、常に義とせられつつ生きると信じる」ことであると、パウロは説明しました。すなわち、ヨハネが言う「イエスを神の子キリストと信じる」とは、パウロのこの「義とせられつつ」という三章二四節を信じるのと同じことであります（一七二—一七四頁）。

〔宗教と道徳〕

そもそも、人に善いことをする、愛をもって人に対して善行をする、これだけでは宗教とは言えません。善行は道徳ではあっても、宗教ではない。善行をして、人を苦しみから助けること、これは道徳であって、宗教ではありません。宗教とは、人間の理性や経験では理解できない、これらを超えた深い霊的真理を信じて、その信仰の結果、魂が砕けて、朽ちない永遠の生命を頂いて、平安な心をもって、自己に打ち克つ力を頂いて善行をすること、これが、宗教であります。そして、キリスト教で深い霊的真理を信じるという場合のその真理とは、この二三、二四節、この二節の内容のことであります。

私は、この二四節がロマ書で最も重大な箇所であると申しましたけれども、司会者に読んで頂いた一〇章九—一三節も、これと同じ重大さがあります。すなわち、ロマ書で最も重大な節を挙げよと言われれば、本日の三章二四節と、一〇章九節、一三節、この三つの節を挙げたい。これらの節には、いずれもロマ書の全体が圧縮されています。三章二四節は、一〇章九節にも圧縮されますし、一三節にも圧縮されます。学者は、聖書で最も大切な部分はロマ書であると申しますけれども、聖書の全体は、ロマ書のこれらの節にそれぞれ圧縮される。なぜなら、これらの三つの節は、いずれも同じ救いの条件である信仰の客体、イエス・キリストの十字架の贖いの力を、圧縮して表わしているからであります。キリスト教の救いというものは、所詮は、キリスト・イエスにある贖いの力によるのであります（一七四―一七五頁）。

第二〇講　神の義（四）

ロマ書三章二五、二六節

（昭和四六年一〇月三日説教）

〔イエス・キリストの贖い〕

〔神はこのキリストを立てて、その血による、信仰をもって受くべきあがないの供え物とされた。それは神の義を示すためであった（三章二五節）。〕

キリスト教は、イエス・キリストの贖いを説く。キリストの贖いの力よって救われるということを説きます。自分の信仰にもよらず、自分の行ないにもよりません。自分と名の付く何ものにもよらず、ひとえにイエス・キリストの贖いのみによって、我々は常に義とせられつつ、永遠不滅の生命を頂きつつある、これがキリスト教が説く救いであります。忙しい人は教会へ来る必要はありません。この箇所を学ぶだけで十分です。もし二一―二六節まででも難しいのであれば、「常に義とせられつつ、賜物として、恩恵により、イエス・キリストの贖いによって」という、この二四節だけでよい。キリスト教は、これに尽きています。

これはたびたび申す通り、霊的真理であります。この霊的真理というものは、人間が欲しいものではありません。猫は鰹節が欲しい。我々は、この世のものが欲しい。この世で善行をしたい。この世で褒められたい。この世で大きなことをしたい。この世で人を助けたい。我々は、この世のことばかりに、眼に見えるものばかりに、へばり付いています。この真理は霊的真理ですから、我々にとっては、いわば外国語です。そうですから、この真理を我々は常に口で言い、心で思い、目に当てる必要がある。外国語は、使わなかったら忘れるでしょう。深い霊的真理というものは、人間にとって縁遠いもの、外国語です。人間は、常にこれを忘れて、自分の悲しみ、苦しみと、すべてが自分自分ということになる。しかし、真理ならざるものを信じることを迷信と言うならば、自己中心、この世中心というのは人間の最大の迷信であります。福音の真理は外国語です。これをマスターするためには、毎日これを口で言い、心に思い、そして目にも当てる必要があります。その時、我々の人生が一変するのみならず、我々の容貌が一変してきます。我々に力が出てくる。己に克つ力が出てきます。諸君！　やって見給え（一八一―一八二頁）。

第二二講　恵心僧都に学ぶ

ロマ書一〇章一―一三節、ヨハネ伝一四章一―三節

（昭和四六年二月七日説教）

〔恵心僧都（源信）と阿弥陀経〕

恵心僧都は、その法名を源信と申されます。天慶五（西暦九四二）年に大和国葛城郡当麻にお生まれになりました。これはちょうど、私の生まれたところから二キロ程離れた場所で、私は先日、郷里に帰りました折に、郷友達と共に僧都誕生の地を参詣してきました。恵心僧都は寛仁元年、西暦一〇一七年、数え年七六歳でお亡くなりになりました。郷党の先輩として、私は、誠に光栄に思っております。……

……〔恵心僧都は、〕長和三（一〇一四）年、亡くなる三年前の七三歳の時、九条右大臣の請（こい）により、日本の指導者達の前において、阿弥陀経を講義された。その講義が現在残っています。……私は今、満七二歳ですから、大体私の年齢の時に、日本の指導者達の前で、阿弥陀経の講義をされました。

その序文に曰く、「阿弥陀経とは生死（しょうじ）の海を渡るの舟楫（しゅうしゅう）、清涼（せいりょう）の地に至るの輪轘（りんかん）なり」と。「生死の海」とは現世のこと、「清涼の地」とは極楽のことです。阿弥陀経とは、この世を渡る舟、極楽へ行く車だと言われたので

あります。私は、宗教とはこういうものだと思う。永遠不滅の生命に至るの車であって、同時にこの苦しい人生を渡るの舟、この世を渡っていく力であると。これは、真実の宗教を説明している言葉です。福音は天国へ行く飛行機です。永遠の生命と結びついているもの、これを宗教と言う。それ以外を宗教とは言いません。それ以外は道徳です。この世の善行は、人間にとって、誠に結構なことではありますが、それは宗教ではない。宗教というものは、永遠不滅の世界と結びついていなければなりません（一八五―一八八頁）。

〔恵心僧都と阿弥陀経、ルターとロマ書の関係〕

……〔阿弥陀経講義の〕本文の最後に、源信曰く、「予が如きは二千年の末たまたまこの経を聞きて今の願を為す。当生のもの豈亦彼の力に非ずや」とあります。漢文ですから、これを現代の言葉に直せば、「私は阿弥陀経が書かれてから二千年経って初めてこの経を聴いた。そのお蔭によって極楽へ行けるという願い（ロマ書で言えば復活の望み）を持っている。私もそうだが、将来、その望みを持つ者は、自分の力で持つのではなく、ひとえに救い主の力によるのだぞ」と結んでいます。これが、源信と阿弥陀経との関係でありまして、いかに恵心僧都の信心と阿弥陀経との関係が深いかが分かります。あたかもルッターとロマ書の関係のごときものです。……

　ルッター曰く、「ロマ書は実に新約聖書の重要部であり、また最も純真なる福音である。すべてのキリスト者が一字も余さずこれを暗記し、その霊魂の日々の糧とするに十分値している。いかに読んでも読み過ぎることはなく、いかに深く考えても考え過ぎることはない。かえって学べば学ぶほど、ますます、尊さと味わいとを増すのである」と。こういうふうにルッターはロマ書を解しておりますが、私はルッターがロマ書を解したよりも、恵心が阿弥陀経を解する方がより深いのではないかと思います。

　由来、宗教の信仰とは、経文を信じることです。我々は、聖書の文字を通して、信仰によって生命をつかむ。教会へ来る時だけ、聖書を持って来て、平生は聖書を読まない、そんな者は、何十年教会に来ていても、モノにならない。我流になります。自分で信仰があると思っていても、聖書を読まない者は駄目です。信仰というものは、五年や一〇年で簡単に分かるものではありません。一つの外国語を学ぶにも一〇年はかかります。いわんや、この天来の啓示された真理を学ぶのに、三年や五年で分かると思ったら、とんでもない間違いです。

私は、源信が阿弥陀経を愛したごとく、ロマ書を愛したい……（一八八―一八九頁）。

〔横川法語〕

これ〔横川法語〕が、恵心僧都の本領が出ているところで、僧都の教えを一文にしたらこうなります。「阿弥陀経とは生死の海を渡るの舟楫、清涼の地に至るの輪轘なり」という、その中味がこの横川法語に書いてある。こういうものは日本人は読めば分かります。日本人の特権です。私は浄土真宗のことを島村清吉という先生から学びました。先生は、「歎異鈔」について、「これは将来、世界の宗教学者が日本語で研究する時が来ると確信する」と言われました。

横川法語、一枚起請文、歎異鈔、これらは真宗聖典には必ず出てきます。横川法語は、あるいは信仰の法語として、日本語で書かれた初めてのものであったかも知れません。それ迄は漢文で書かれているが、これは和語で書かれています。

横川法語

まず三悪道を離れて人間に生るること大きなるよろこびなり。身は賤しくとも畜生に劣らんや。家は貧しくとも餓鬼に勝るべし、心におもふことかなはずとも地獄の苦に比ぶべからず、世の住み憂きは厭ふたよりなり。このゆゑに人間に生れたることを喜ぶべし。信心あさけれども本願ふかきゆゑに、たのめば必ず往生す。念佛ものうけれども称ふれば定めて来迎にあづかる。功徳莫大なる故に本願に遇ふことを喜ぶべし。また云く、妄念はもとより凡夫の地體なり、妄念のほかに別に心は無きなり。「臨終の時までは一向妄念の凡夫にてあるべきぞ」と心得て念佛すれば、来迎にあづかりて蓮台に乗ずる時こそ妄念をひるがへして覚の心とはなれ、妄念のうちより申し出したる念佛は濁にしまぬ蓮のごとくにて決定往生疑あるべからず（浄土真宗聖典より）（一九〇―一九一頁）。

〔妄念は凡夫の地体なり〕

第三段「また云く、妄念はもとより凡夫の地体なり……妄念のうちより申し出したる念佛は濁りにしまぬ蓮の如くにて決定往生疑いあるべからず」。

日本人は、これを読めば分かります。信じる信じないは別ですが、日本人であれば分かる。これは日本人の特権です。これは源信の日本民族への贈物です。七〇年の勉強によって源信は日本民族にこれを遺した。私も恵心僧都の真似をしてみたい。私も日本民族に対して遺したい。この世だけで消えてしまうものでないものを遺したい。歎異鈔を読みますと、「よろこぶべき心を抑へてよろこばせざるは煩悩の所為なり」と書いてあります。我々は人間に生まれたことを喜べ、福音に遇うことを喜べと言われても、すなわち、喜ぶべき道理はあるけれども、喜べない。五〇年、六〇年、キリスト教を学び、福音を学びました。喜ぶべきでありますのに、喜べない。それは、「煩悩の所為」だからです。これを罪人と言う。「信仰によって義とされる」というキリスト教の教義は、我々がこの世において義となるのではない。デイカイウーメノイ（義とせられつつ）、これは現在分詞であって、義とせられたのではない。我々は死ぬまで、義とせられつつ行くのです。本体は罪人、我々は死ぬまで罪人です。だから喜べない。煩悩、すなわち、妄念の所為で。煩悩とは妄念と同じことです。結局、源信の最後の段の教えは、「妄念のままで称名せよ」、「無信心のままで救い主の名を称えよ」ということです（一九二―一九三頁）。

〔信仰の問題を解決する鍵は行ない〕

これを要するに、行ないの問題は信仰によって解決する。信仰で救われて解決する。そして、信仰というものは、いつも妄念によって汚されているのだから、信仰の問題を解決する鍵は、神から来る行ないにある。この神から来た行ないとは「救い主の名を称えること」、ロマ書一〇章一三節に「主の御名を呼び求める者は、すべて救われる」とある、その主の名を呼び求めるという行ないです。「主イエスよ」でも、「主よ、憐れめ」でも、どちらでも宜しい。これが神が我々に下さった行ないです。「我が主イエスよ」と称えて、自分の信仰なきこと、罪の多きことを知り、イエスの贖罪の力の無限なるを知り、結局、信仰を確立することができる。すなわち、これは神から来た不思議な妙(たえ)なる行です。この妙行(みょうぎょう)を、日本において、初めて最も明瞭に説明したのは源信です。我々は、源信に学んで、ロマ書一〇章一三節を注意深く読む時に、キリスト教においても、神が「主の名を呼ぶ」という妙行を、ここに用意されていることに気付きます。この真理が、キリスト教の歴史においてまだ明らかにされておりません。残念です（一九三―一九四頁）。

第二二講　法然上人に学ぶ

ロマ書一〇章一―一三節、三章二一―二六節

（昭和四六年一〇月一〇日説教）

〔かの仏願に順ずるが故に〕

……法然上人がいくら勉強しても悟れない、自分は仏教の教えを実行し得ないことを知り、悩んでおられた時に、善導大師*の観経〔観無量寿経〕の注釈の中に、一心に専ら弥陀の名を称える、どこへ行っても、何をしていても、いつでも称える、要は称えることをやめなかったらよいのだ、これが極楽へ、永遠の国へ行く「行」である。なぜかと言うと、かの本願、すなわち阿弥陀仏の我名を称うる者を救うという、阿弥陀仏の本願があるから

であると。

「一心専念弥陀名号、行住坐臥時節久近を問はず、念々捨てざる者、これを正定の業と名づく、かの仏願に順ずるが故に」（『善導観経疏』巻四）。特に、最後の「かの仏願に順ずるが故に」という文句が法然の魂の底まで動かしました。これは自分の力ではない、我が名を称える者を救うのだという仏の願の力によるのだ、ということが分かった。それで、善導の教え、恵心の勧めに従って称名念仏に努め、それから恵心の『往生要集』を読んだら、そのことがはっきりしてきた。このように、観経の疏が法然上人を救いました。そうですから、法然上人は、「私はひとえに善導によるのだ」（専依善導）と言われたのであります。

先生を持っている人は幸せです。先生のない信仰は当てになりません……（一九九―二〇〇頁）。

〔ロマ書三章二二―二六節の恵心流注釈〕

善導大師は、大無量寿経を注釈なさるのに、本文では三六文字ある仏の本願を四八文字に訳しました。そして本文には「信じて称うる者は救われる」とあるのを、善導は「信じて」という文字を取ってしまって、「称うる者は救われる」と直しました。信仰の客体として見る時に、その客体の中から「信じる」という字を取ってしまった。これが、善導大師が救い主の生まれ変わりだと言われる所以であると思います。

ロマ書三章二一―二六節に「信仰」という字が名詞で三回、動分詞で一回、計四回出てきます。それが四回とも通説では「イエス・キリストを信じる」と、すべて人間側の信仰に訳してあります。私は二二節の動分詞の「信じる者に与えられる」というところだけを人間側の信仰に残して、あとの三つの信仰という名詞全部をキリストの贖罪と訳しました。少し無理があるかも知れないが、文法的にもそう読めます。精神からすれば、これはパウロの精神だと思います。そういうふうに大胆に訳すのは、私が無学であるからでもありますが、善導大師によっているからであります。私は自分のキリスト教を「恵心流キリスト教」と言っておりますが、浄土宗の祖師方の精神によると、そう訳さねばならない。信仰の客体の中に人間側の信仰を入れてはならない。こういう通説の訳、人間側の信仰が入っているような訳が、信仰というものを非常に難しくした理由であります。このような私の解釈は、今は通説になっておりませんけれども、私の恵心流注釈が、ロマ書三章二一―二六節の注解の通説になるであろうと信じます（二〇〇―二〇一頁）。

〔浄土門の仏教とキリスト教との関係〕

両者のよく似た点について比較して見たいと思います。

（一）救いの目的がよく似ています。

共に永遠の生命を得ることであります。この世で善行をなすことでもなく、この世において平安な心を得ることでもない。永遠不滅の生命を頂戴する、その結果、善行ができ、心に平安が得られる。これは付いてくるものです。永遠不滅の生命を貰うことが目的であります。これが両方ともよく似ています。

（二）自分自身を何と信じるかが似ています。

両方とも万人罪人の信仰であります。善導大師は「自身は現に之、罪悪生死の凡夫、曠劫（こうごう）よりこのかた常に没し常に流転して出離の縁あることなしと信ぜよ」と言われました。

（三）信仰の客体が似ています。

両方とも救い主による救いの業の力によっている。一方は、称名するものを救うという本願の力であり、また他方はイエス・キリストの贖罪の力であります。

（四）信仰の内容が似ています。

ただ信じるだけであります。

（五）救いの実現が似ています。

両方とも、実現は来世です。復活の信仰、来世においてキリスト再臨の時、我々は復活するのですが、浄土門も、この世においては、称名しているだけですけれども、死後、阿弥陀仏の国に生まれて後に仏となり、永遠無限の栄光を頂く、という救いの実現がよく似ています。

（六）この世における信仰の続け方が似ています。

浄土宗では念仏を称える、救い主の名を称えることですが、ロマ書一〇章一三節によれば、「主の名を称うる者は救われる」とパウロは言っている。「我が主イエスよ、我が主イエスよ」と救い主の名を呼ぶことがよく似ている。但し、キリスト教の神の意思を行うという献身は、浄土門にはないと思います。この点がキリスト教の優れている点であると思います。

（七）現世における救いの味わい方が似ています。

浄土門では、念仏すると救い主阿弥陀仏が、自分と一緒におられる。また二五菩薩、観世音菩薩、勢至菩薩をつかわして守って下さる。キリスト教の信仰は、この世において健康になるとか、金が儲かるとか、偉い仕事ができて人に褒められるとか、そういうものではない。キリスト自身が、聖霊として我々と共におられる。我々が信・望・愛を持つのは、主が共に在（いま）すからであります。これが現世におけるキリスト者の生活の味わい方です。よく似ています。

以上、キリスト教と浄土門の似た点を挙げました。法然上人は「未だ知らず他法の浄土にかかる本願あることを」と言われました。他法の浄土においても、このような救いがあるかも知れないと言われた。あまりによく似ているので、両方の救い主は、同一の人格の方ではないかと思う程であります（二〇二―二〇四頁）。

＊　善導大師（六一三―六八〇）中国浄土教の大成者。……道綽に師事し、浄土の行業に勤めた。……後、長安の都に出て、庶民の教化に専念。彼の観無量寿経の注釈は、観経解釈の決定版と言われている〔この注は『ローマ人への

手紙講解説教』第二二講、注33に入っていたもの」。

第二三講　アブラハムの信仰
ロマ書四章の大意

（昭和四六年一〇月二四日説教）

〔聖書の鍵は聖霊〕

……五〇年前、内村先生は〔ロマ書〕第四章に入る前に、講義を二回、ロマ書に関係なくお話になりました。初めの第二一講「永世不変の道」では、神の言葉、福音というものは永世不変である、我々はこの永世不変の福音を学びつつあるのだ、という話をされました。次の二二講「神の殿（との）」においては、聖書の鍵は聖霊である、神の霊、真理の御霊が降る時、我々は真に聖書を理解することができる、聖霊が我々に臨まなければ、所詮、我々は真理を理解することができない、ということをお教えになりました。そして、聖霊は神の殿、すなわち、目に見えざる教会に降るのである、我々のこの小さい集まりも、その見えざる教会の一部を構成するものであり、集会ごとにその上に神の霊が降る、という話をされました。先生の集会には五、六〇〇人は集まっておりましたが、この集まりに対して聖霊が降るのであると、集会の重大性についてお話になったわけであります。

我々のこの小さな高円寺東教会の集まりに対しても、聖霊は降り給う。神は牧師一人を恵むためではなく、集会に対して聖霊を降し給うのです。そのことを信じ、私の講義の初めには、いつも聖霊の降るのを祈るのはこのためであります（二〇五―二〇六頁）。

第二四講　義とせらるる事の結果（一）

ロマ書五章一―一一節（上）

（昭和四六年一〇月三一日説教）

〔患難・忍耐・錬達・希望〕

第三節「それだけではなく、患難をも喜んでいる。なぜなら、患難は忍耐を生み出し、忍耐は錬達を生み出し、錬達は希望を生み出すことを、知っているからである」。いよいよ、三、四節は恵みのうちに入っているという、その内容の説明です。患難をも喜んでいる。復活するという希望を持って喜んでいるが、今度は実際生活において患難をも喜ぶ。私のように患難にへたばっているような者には、この箇所を説明しても不似合いですから、パウロ先生に来てもらえばよいと思いますが、患難をも喜ぶと言う。これは普通の人間に及ぶ患難です。特に、信仰を持っているがために受ける患難をもこれに含めて、強調していると見てよいと思います。

本当にこのキリスト教の希望が、我々のものになった時、患難に打ち克つ力が与えられる。患難は誰でも嫌いです。しかし、「患難が来れば、患難を喜ぶ」とパウロは言う。なぜなら、患難は忍耐を生み出すからと。忍耐というのは、こらえている、辛抱しているという意味もありますが、……むしろ、勇気「fortitude」あるいは堅忍「perseverance」という意味です。耐えているだけではない。復活の希望によって患難に勝ちえて余りありという意味です。ロマ書八章一八節で「今のこの時の苦しみは、やがてわたしたちに現されようとする栄光（すなわち、復活）に比べると、言うに足りない」と豪語しました。ですから、忍耐というのは、突き進んで、勇気を持ってそれに打ち克つ、という意味の字です。……

次に、錬達というものは希望を生み出すと言う。希望というのは復活の希望です。また復活の希望に帰ってきています。キリスト教においては、初めが復活であり、途中が復活であり、最後が復活です。諸君、復活の希望を頂こうではありませんか！　そうすれば、この人生が転換してきます（二一五―二一七頁）。

〔ロマ書の結論——復活の望み〕

要するに、復活の希望が中心、頂点です。我々は復活するという、これが中心、中心と言うよりもこれがすべてです。重ねて申し上げます。復活の希望は葬式の時だけに聴くものではありません。毎日、毎時、実行すべき問題です。これを実験して、我々は人生において恐るべきものはなくなる。病気、患難来たらば来たれ、我々に復活の希望あり。主が我々と共に在して、我々はこの人生において恐るべきものはないのであります。パウロの生涯を見て下さい。キリスト教信者とは、あれこれと善行をすることではありません。この復活の生命を持って、進撃して、我々の人生における義務を勇敢に尽くす、その生涯をクリスチャンの生涯と言う。この復活の希望に満たされて、初めて信者の生活は活気を帯びてくるのであります。これは、ロマ書を熟読すれば分かります。ロマ書の最後の結論というべき一五章一三節には、「どうか、望みの神が、信仰から来るあらゆる喜びと平安とを、あなたがたに満たし、聖霊の力によって、あなたがたを、望みにあふれさせて下さるように」とあります。「復活の望みを聖霊によって溢れさせてもらえ」というのがロマ書全体の結論であります（二一七—二一八頁）。

第二六講　アダムとキリスト（一）

ロマ書五章一二—二一節（上）

（昭和四六年一二月一九日説教）

〔聖句は信仰の根拠〕

……聖句は我々の信仰の根拠であります。我々の経験、我々の信仰、我々の行ないというようなものは、吹けば飛ぶようなもので、我々の確実な拠りどころは聖書の文句です。諸君！　聖書の文句をおろそかにしてはなりません（二二五—二二六頁）。

第三〇講　潔めらるること（三）――恩恵の支配

ロマ書六章一五―二三節（下）

（昭和四七年一月三〇日説教）

〔By always thinking unto it〕

潔めらるる生活、信者の生活というものは、入信した贖罪の信仰の繰り返しであります。アイザック・ニュートン卿がどのようにして万有引力を発見したのかと聞かれた時、「by always thinking unto it」（常にそれを思うことによって）と答えたと言われています。これは万有引力の発見に限らず、我々が新しい真理を身に付けるためには「常にそれを思う」必要がある。贖いの信仰も同じです。我々にとって新しき真理ですから、自分のものにするにはどうしても常に思う必要がある。そして贖罪の信仰を継続することは、信者の生活が生きるか死ぬかの問題であります。度々申し上げる通り、多くの信者が未信者に劣った生活をしているのは、この継続、潔めらるることに対して、全然無関心であるがためであります（二五二―二五三頁）。

〔目の前に置かれた義務を尽くせ〕

〔……あなたがたは、……今や自分の肢体を義の僕としてささげて、きよくならねばならない（六章一九節）。〕

ヨハネ伝の終わりで、イエスはペテロに対して「我に従え。若い時には、君は勝手に自分の好きな道を歩いていたが、ついには自分の行きたくない所へ、人に連れて行かれるぞ」と言われた。これは「お前は殉教するぞ」という意味ですが、自分の好きな所でなく、引きずり回されて、自分の命ぜられた、なすべきことをやらされる生涯、これがクリスチャンの生涯であります。そして、これはクリスチャンの生涯だけではないでしょう。本当の人間というものは、私はそのような生涯になるのだろうと思う。自分の好きなことをせず、自分がやるべき責任を果していく、というのが本当の人間の姿でしょう。そこに本当の喜びと自由があるのだろうと思います。パウロが一五―二三節に述べている奴隷の意味は、君たちは今までは自分の奴隷だったが、この贖いの信仰に入ってからは、贖い主キリストの奴隷である、だから自分の肢体を義の僕として捧げよ、キリストの意思に従え、という一九節、これが本日の中心であります。一九節を簡単に言えば、「我々は日常、自分の目の前に置かれた義務を尽くせ」ということです。

私は、内村先生がお好きでしたカーライルの言葉を思い出します。「Do thy duty that lies nearest thee, that thou knowest to be thy duty.」（汝の最も近き義務を尽くせ、汝が義務と知っているその義務を尽くせ）。これがすなわち、一九節の精神と思います。誰でもできることです。最も尊い善というものは、誰にでもできる。しかし、誰にでもできるということは、易しいということと同意語ではありません。これは相当褌を締め直してかかる必要があります（二五六―二五七頁）。

第三四講　救いの完成（一）

ロマ書八章の大意

（昭和四七年三月五日説教）

〔ロマ書八章は宝石のスパークリング・ポイント〕

……ロマ章は丁度一六章からなっておりますから、この八章は分量的に言ってもロマ書の中心であり、また、内容の面から言っても、ロマ書の絶頂になっているわけであります。実に、この八章こそ、ロマ書の信仰の登りつめた所、天にそびゆるところの部分であります。また、不思議なことに、ロマ書は大体新約聖書の中心にきております。場所が中心であるのみならず、内容が新約聖書の中心になっている。ドイツ敬虔派の創始者シュペーネル*は、「新約聖書を一つの指輪に譬えると、ロマ書は宝石に当たり、そして第八章は宝石の輝く点、すなわち、そのスパークリング・ポイントである」と言いました（二七七頁）。

〔この時の苦しみは、栄光に比べると言うに足りない〕

……この八章を大観しまして、私が最も感銘を受けました文字は、第一八節「わたしは思う。今のこの時の苦しみは、やがてわたしたちに現されようとする栄光に比べると、言うに足りない」。私はこの言葉によって、八章全体の精神が浮き彫りにされているように思う。我々はキリスト来給う時に復活して、キリストが長兄となると書いてある。我々は弟妹、共同相続人だと書いてあります。パウロは「イエス・キリストと我々は栄光を共にする。この世で何をした、この世でどんなことをした、この世で苦しんだ、この世で悩み悲しんだ、この世で喜んだ、満足した、そんなものは言うに足りない。その栄光ある復活の時の完成された宇宙に比べると、すなわち、我々に現れんとする栄光に比べたら、この世のものは言うに足りない」と言っています。これを宗教という。無限の栄光です。無限の栄光に比べたら、この世のもの、この世の悲しみ、この世の苦しみ、この世の栄誉、この世の失敗、この世のすべては問題になりません。我々は、この深き救いを、聖霊が臨む時に分かってくる。パウロは「我見るところおぼろなり」と言いました。おぼろげではありますが、見えてくる。パウロはその栄光を見た。そして、その望みがあるが故に、前人未踏の活躍ができたのであります。このように、この世にまったく関係のないような永遠無限の栄光が我々に臨んだ時、この世に対して力が出てくる。死を恐れざる力が出てくるのです。

イエスが十字架に架けられた時、一一人の弟子は皆逃げました。その逃げた弟子達に、イエス再臨の時に与えられる復活の望みが臨んだ時、今度は殺されても自分はこの福音を述べるという力が出てきた。死を恐れない力が出てきた。これがキリスト教の初めです。キリスト教の九九・九九九九パーセントは、この復活体を頂く、永遠無限の栄光を我々が継ぐ、ということです。このことを目当てに歩いている者、それを信者と言います。この世のものを目当てに歩いている者、これを未信者と言う。……ここではそれを、霊の人、肉の人と書いています。要するに、我々が聖霊を受け取るか、受け取らないかは、来世、永遠不滅の我々の栄光のために生きているか、この世のことで生きているかによって決まる……（二八一―二八二頁）。

＊ シュペーネル（Philipp J. Spener）（一六三五―一七〇五）ドイツのルッター派敬虔主義の指導者〔この注は『ローマ人への手紙講解説教』第三四講、注34に入っていたもの〕。

第三六講　救いの完成（三）――死より免がるること

ロマ書八章一―一一節

（昭和四七年三月二六日説教）

〔聖霊について〕

聖霊、父なる神の霊、イエス・キリストの霊が我々に臨んだ時、我々は永遠に生きる者となる。肉体は滅んで、肉体の死は味わうけれども、天国へ行き、キリスト再臨の時に復活する。霊というのは永遠の生命のことであり、イエス・キリストがお持ちになった生命であります。それを我々普通の人がもらえるということがキリスト教の救いです。これは、八章を読めばはっきりしてきます。八章には驚くべきことが書いてある。八章に入ってくると、聖霊の助けがなければ分からなくなってきています。聖霊が臨んで初めて明らかになる。内村先生は「聖霊は終生徐々に降る」と言われました。先生は、五〇歳を過ぎて一人娘のルツ子さんを亡くされた時、霊の降臨を豊かに受けられた。その時以来、先生の信仰に筋金が入りました。先生は五〇歳にして、この八章がはっきりと分かったのです。

我々は、あせらず、ゆっくりと、この箇所を学んで行きたいと思います。かつてフィリップ・ブルックスと言う人が「地球を垂直に掘って行ったら、どの点から掘ったとしても地球の中心に達する」と言ったそうでありますが、これと同じように、八章の一―一一節のどの節でも分かったならば、パウロの中心点に達すると内村先生は言われた。このことは八章全体、ひいては聖書全体について言えます。問題の中心はイエス・キリストの復活、永遠の生命にあります……（二九〇―二九一頁）。

第三七講　救いの完成（四）――禁欲霊化

ロマ書八章五―一三節

（昭和四七年四月二日イースター説教）

〔聖霊は徐々に降る〕

……〔一一節〕「もし、イエスを死人の中からよみがえらせたかたの御霊が、あなたがたの内に宿っているなら、キリスト・イエスを死人の中からよみがえらせたかたは、あなたがたの内に宿っている御霊によって、あなたがたの死ぬべきからだをも、生かしてくださるであろう」。父の霊が我々の内にある、すなわち、キリストの霊が我々の内にあるということは、我々が神の子とされて、永遠の生命を頂いて、イエス再臨の時に復活する望みが我々に与えられているということであります。この我々の復活の望みにより、神は我々の死ぬべき身体をもイエスの再臨の時に復活させて下さるであろう、とパウロは言っている。我々も復活させてもらうという望みが、我々の肉欲をコントロールするのであります。「霊によって歩む」、「キリスト我が内にあり」ということは、我々が復活させてもらうことを目当てとして生きていることです。この復活の望みによって歩む時に、我々は霊によって歩むというのであります。これによって、律法によってなし得なかったことをなし得る。これがキリスト者の生活でありまして、無理なく、有効に自己を制御し、自己に克ち、世に勝つことができる。ここに信者の特色があります。キリスト教では、特別な潔さを要求してはおりません。イエスは大工であられました。独身者、隠遁生活、献身者として伝道師となることは、要求されておりません。

内村先生は、「聖霊というものは終生徐々に降る」と言われました。ダマスコ途上のパウロのごとく、また、ペンテコステにおけるように、神の目的によって特別に聖霊が降る場合もありますが、普通は徐々に降る。我々の善行、聖霊による行ないは、我々に頂いた分相応にやれば宜しい。自分の善行、自分の禁欲生活を自負するようであったら、キリスト教をやめた方が宜しい。諸君！　急ぐ必要はありません。聖霊によって歩むということは、決して難しいことではありません（二九七―二九八頁）。

第三九講　救いの完成（六）――天然のうめきとその救い

ロマ書八章一八―二二節

（昭和四七年四月一六日説教）

〔悲しみ、苦しみに打ち克つ力〕

一八節「わたしは思う。今のこの時の苦しみは、やがてわたしたちに現されようとする栄光に比べると、言うに足りない」。

これが、ロマ書全体を表す重大な節であることについては、すでに、第三四講の八章の大意のところで申し上げました。私は、もし第八章の中で一節をとれと言われたならば、この節をとります。この言葉が本当に分かれば、この世の苦しみ、悲しみを乗り越える力が与えられます。悲しみ、苦しみのある方は、この節をよく読んで下さい。この一八節は、キリスト教全体を表しており、一九、二〇節を引き出す言葉となっています。我々の未来は無限の栄光に満ちている。しかし、現実を見ると悲しみや苦しみに満ちている。それは何故か、人間が不完全であるからであります。現実の状態と未来の栄光とは裏表になっている。そうですから、この世の苦しみ、悲しみは辛いけれども、恐るるに足らない。……

諸君！　この希望を持とうではありませんか。時来たらば、イエス・キリストの贖いによる永遠不滅の栄光が与えられることを信じて、この世の苦しみや悲しみと取り組もうではありませんか。これが分からないのは、現在苦しみがないからです。苦しみ、悲しみがあれば、それがだんだんと分かってきます。苦しみを通して分かってきます。これを迷信なりと嘲る人は、苦しみのない人であります。我々は、イエスは救い主であると信じて、主の名を呼びつつ、いかなる苦しみ、悲しみにも耐えつつ、自分に与えられた務めをなそうではありませんか（三〇五―三〇九頁）。

第四一講　救いの完成（八）――救われし理由

ロマ書八章二八―三〇節

（昭和四七年五月七日説教）

〔信仰とは、先生の真似をすること〕

二八節「神は、神を愛する者たち、すなわち、ご計画に従って召された者たちと共に働いて、万事を益となるようにして下さることを、わたしたちは知っている」。この節で、「わたしたちは知っている」という字が最後にきていますが、原語では初めにきています。「我々は知っている」とパウロは言う。人生の経験を通して知っている、確信している、と言っています。その確信は、誠に大事なことであり、我々もこういうパウロの確信を頂きたい、真似をしたいと思います。信仰というのは、先生の真似をすることです。未知の世界を体得するには、信じて真似をする一手しかありません（三一五頁）。

〔「万事」とは、我らに起こり来る一切〕

この「万事」ということについて、内村先生はゴーデー先生の訳「すべてのことというのは、我らの上に起こりくる一切を指す。今の世の不完全と人間の罪の結果として起こる苦痛の一切を指す」を引用され、「この訳は名訳である」と言われました。この世は苦痛であります。なぜ苦痛かと言えば、ゴーデー先生が言われるように、今の世は不完全ですから、信者を含めて、世の中の人は罪人ですから、我々には悲しみ、苦しみが付いてきます。覚悟すべきです。この世で悲しみ、苦しみがないというのは嘘であります。自分も不完全であり、相手も不完全ですから、統合すれば常にごたごたが絶えない。それを相手が悪いと言って責めるのは間違いです。先ず、自分自身を責めるべきです。教会ではそういうことを学ばなければいけない。この教会では、来られる人に対して、あなたは立派な信仰を持っているなどと、信者に対してチヤホヤとは致しません。……私も信仰生活五〇年になりますが、不完全です。この世は思うようにならない。不完全に満ちています。悲しみ、苦しみ、涙の谷です。若い人々が社会へ出る時は、自分の褌を締め直して取りかかる必要があります。この世は決して春の野を行くような場所ではありません。クリスチャンは、名だけの信者に過ぎないのに、自分で何か偉い者になったように思っていますが、楽々とキリスト教信者になれると思ったら大間違いです。内村先生は、「咲く花は多し、されど実となるは少なし。実となるは多し、されど熟するは少なし」と言われました。

この「すべてのこと」というのは、我々の上に置かれている一切を指します。すなわち、パウロは、この世の悲しみも苦しみも一緒に働いて、我々に永遠の生命を与え、復活の希望を与え、我々の救いとなると言っているのであります。実に有難いことではありませんか。このことが本当に自分の確信となったら、我々は悲しみに文句を言わなくなります。その時は辛いですが、悲しみ、苦しみから逃避しなくなります。そして、勇敢に立ち向かって行く力が与えられます。諸君！　悲しみ、苦しみから逃げたらいけません……（三一七―三一八頁）。

第四二講　救いの完成（九）――救いの凱歌

ロマ書八章三一―三九節

（昭和四七年五月一三日説教）

〔勝ち得て余りある生涯を送れ〕

三七節「しかし、わたしたちを愛して下さったかたによって、わたしたちは、これらすべての事において勝ち得て余りがある」。……

……ロマ書第八章が、人類二〇〇〇年の歴史において、どれだけ人類を幸福にしてきたか。悩み、苦しみにへこたれた人類に対して、いかに貢献してきたことか。我々が天国へ行ったら、それが分かります。

パウロは、人生における患難、苦悩、迫害、剣、いかなる困難に対しても、勝ち得て余りある力を持っていました。我々も、この信仰を神様から頂き、分相応に、我々の人生における悲しみ、苦しみに勝ち得て余りある生涯を送る者となりたい。初めは負けていても宜しい。しかし、内村先生が言われたように、聖霊は徐々に、静かに我々に降ります。力は歳と共に増します。信仰相応にこの力を頂いて、勝ち得る人生を送りたいと思います。

神の愛は、我々信者に働いて、「復活の希望」と「主の名を呼ぶ」妙行となって現れてきます。我々は主の名を呼び、心で自分は復活すると信ずる（一〇章九、一〇節）ことにより、パウロがすべてのことに勝ち得て余りがあったように、我々もまた、自分の生活においてこれを体験する者となりたいと思います（三二六―三二八頁）。

第四四講　ユダヤ人の不信と人類の救い（二）――ユダヤ人の不信と恵心流キリスト教

ロマ書第九、一〇章の大意

（昭和四七年六月四日説教）

〔ロマ書第九、一〇章の大意〕

……一〇章では、イスラエルが何故救われないかの第二の理由として、イスラエルの不信を述べています。その時、パウロははからずも、一―八章で述べた福音を要約して、難しく理詰めで言わずに、一言で述べたらこうなると、簡単に言い表した個所であります。ですから、ここは非常に重大な箇所であります。

パウロが言っている救いとは、一〇章の九、一〇節を学び、この二節を圧縮した一三節が分かれば、それで宜しいと思う。それだけで、もうパウロの救いを完全に理解したことになります。いかにこの箇所が大切であるかが分かります。この箇所は、私が知る限り、キリスト教の歴史においてまだ注目されておりません。これは我々日本人が注目すべき箇所であります。幸い日本においては、仏教において「救主の名を呼ぶ」ということが、数百年にわたって研究されてきました。すなわち、救主、阿弥陀仏の名を呼ぶことが救いにつながるという教えが、善導大師と恵心僧都を先生として、法然上人によって完成され、さらにそれを親鸞上人が受け継ぎました。すなわち、この「救主の名を呼ぶ」ということは、恵心僧都をもって、日本において最も明確に現されたのであります（三四〇―三四一頁）。

〔イエスの復活は、私の救いの完成〕

一〇章九節「すなわち、自分の口で、イエスは主であると告白し、自分の心で、神が死人の中からイエスをよみがえらせたと信じるなら、あなたは救われる」。ここでは、パウロは救いの条件を二つ挙げています。すなわち、第一に、自分の口でイエスは主であると告白すること。第二に、自分の心で神が死人の中からイエスをよみがえらせたと信じること。「主であると告白し」というのは、疑い深いトマスが「我が主、我が神よ」と言ったように、「我が主イエスよ」と口で言い表すことであります。もう一つの条件は、心で、「神が死人の中からイエスをよみがえらせた」と信じることです。ロマ書四章二五節には、「主は、わたしたちの罪過のために死に渡され、わたしたちが義とされるために、よみがえらされたのである」とありますから、「神がイエスをよみがえらせた」と信じることは、「イエスの復活のお蔭で自分の罪が赦されて、この自分もよみがえる」ということを信ずることであります。イエスの復活は、私の義の成就であり、私の救いの完成でありますから、「神はイエスをよみがえらせた」と信じることは、「神はイエスの贖いによって私に永遠の生命を与えて下さった」と信じる、ということになります。パウロの福音はこれに尽きます（三四一―三四二頁）。

〔主の御名を呼び求める者は、すべて救われる〕

九節には「すなわち、自分の口で、イエスは主であると告白し、自分の心で、神が死人の中からイエスをよみがえらせたと信じるなら、あなたは救われる」とあります。これでキリスト教は完成しています。それを一三節で言えば、「主の御名を呼び求める者は、すべて救われる」となる。口では、「我が贖い主はイエスなり」と告白し、心では、自分はこの贖いによって復活させて頂くと思う。これを一言で言えば、この一三節「主の御名を呼び求める者は、すべて救われる」となります。この「救われる」という意味をはっきりと知る必要があります。この「救われる」というのは、「死ねば天国に往って、キリスト再臨の時に復活して、イエス・キリストと同じ復活体を頂く」ということです。これを救われると言う（三四二頁）。

〔主の御名を呼ぶ軛は易い〕

イエスは、「我が軛（くびき）は易く、我が荷は軽い」（マタイ伝一一章三〇節）と仰せになりました。すなわち、我々にとって「我が主イエスよ」と主の名を呼ぶこの軛は易いということです。また、イエスが我々に与え給う日々の仕事は、我々に与えて下さるイエスの荷であります。この荷は軽い。我々この軛を忠実に担う時に、諸君、人生において恐るべきものがありますか！

この一〇章は、信仰の落第生に信仰を説明した箇所であります。パウロは、落第生にでもよく分かるように信仰を説明した。ですから、我々のような落第生はこれで往けばよい。……

口で「我が主イエスよ」と言うことがいかに重要であるか。自分は復活すると心で思っても、心というものはいつも動いています。少し悲しいことに遭遇すると心は動揺します。少し憎み合えば、心は動きます。仏の生まれ変わりとまで言われた法然上人でさえも、

「人の心　池の水に似たるかな　にごりすむこと　はてしなければ」

と詠まれました。あのような仏様に近い人、それほど偉い人でも、心は常に動いていると言う。我々の心の状態などは当てになりません！　頼りになるのは「我が主イエスよ」と言うこと、すなわち「称名」です。行ずるということは実に大事です。何を行うかによって、その人の未来が決まる。これは本当であります。

内村先生は、この第一〇章の講義で法然上人の『撰択集（せんじゃく）』をお挙げになって、これは信仰を証明する大著であると言われました。確かに、この『撰択集』は信仰の書でありますが、私は、これは行（ぎょう）を書いた書であると思います。法然上人は、易行道（いぎょうどう）とは言われたが、無行道とは仰せにならなかった。易しいけれども、行は必要不可欠です。この『撰択集』を読んで見て下さい。内村先生は、これを信仰の書であると仰せになりましたが、これは易行を教える書です。同様に、ロマ書も、信仰を教える書であると同時に、主の名を呼ぶ行を教える書であります……（三四三―三四四頁）。

〔心は動く、頼りになるのは行〕

実際、行ないの問題を解決するのは信仰です。しかし、信仰の問題を解決するのは神から来たる行、妙(たえ)なる行であります。私は人に信仰を勧めるよりも、神から来たる行、すなわち、主の名を呼ぶ「称名」を勧めたい。その理由は、心は常に動いているからであります。頼りになるのは行です。心は頼りになりません。

この妙なる行について、聖書には二つ書いてあります。その一つは、この一〇章一三節にある主の名を呼ぶ行、すなわち、「我が主イエスよ」と呼ぶ行であります。もう一つは、「モーセが荒野でへびを上げたように、人の子もまた上げられなければならない。それは彼を仰ぎ見る者が、すべて永遠の命を得るためである」とイエスが言われた、あの「仰ぎ見る行」であります。これは、内村先生が実行された行です。内村先生は、「十字架の主を仰ぎ見て義とせられ、復活の主を仰ぎ見てきよめられ、再臨の主を仰ぎ見て復活する」と言われて、仰ぎ見るという行をおとりになりました。そして、「我が主イエスよ」と呼ぶ妙なる行は、後から来る者にお譲りになりました。

諸君！　自分の胸に手を当てて、よく考えて見て下さい。自分の信仰はどうかと。自分の心はどうかと。神の子たるの信仰も結構。復活の望みを抱くのも結構。天国を望むのも結構であります。しかし、結構ではあるけれども、我々の心、我々の信仰は、常に動いている。その時に、我々が真に力を得て、真に我が荷を担い、我々に悲しみ、苦しみを乗り越えさせる力は、「我が主イエスよ」と呼ぶ、この妙行からくるのであります。

ロマ書一章一六―一七節はルッターをもって、一三章一一―一四節はオーガスチンをもって、その意義が全人類に明らかにされました。いつの日にか、一〇章九、一〇、一三節が、恵心僧都の名をもって、世界人類に明らかにされる日が必ず来ると、私は確信して疑いません！（三四四―三四五頁）

第四五講　ユダヤ人の不信と人類の救い（三）――神の摂理

ロマ書第一一章の大意

（昭和四七年六月一一日説教）

〔一人の信者で日本は改まる〕

内村先生は「救われたことについては、何一つ自分の方でこうしたということはない。これはひとえに神の恵みである」と言われました。私も、先生とまったく同じ感想を持ちます。私は、自分自身の過去を振り返って、私は、自分で真剣に救われようとは思わなかった。天国も、復活も求めず、望まなかった。私は、この世のものを愛しました。ところが、不思議なことに、自然に、今、こうして伝道するようになってきました。すなわち、神は、私にこの世のものをお与えにならずに、ついに止むを得ず天国を願い、永遠不滅の復活を願わざるを得ないようにお導きになった。私が救われたのは、ひとえに神の力、神のご意思です。私には、いささかの功績もありません。このような自分をかえりみますと、日本の将来についても、必ずや神がこの滅亡すべき日本民族を導いて、救いに入らしめ給うことを、私は確信します。私も、日本の将来ならびに世界の将来について、必ず神が救いを実現し給うと信じます。私は、自分を振り返ってそう思います。この私をさえも救いに導いて下さった神は、他の同胞を救い給わない理由はありません。

内村先生は、「日本に一人の信者が現れたら日本国は改まる」と言われました。私は、一億人もいる人間の中で一人の信者が現れたら日本の国が改まるとは、少し言い過ぎではないかと当時は思っておりました。しかし、今はそうは思わない。もし一人の信者が現れたら、日本は必ず改まります。……

日本の将来について、私は、大なる希望を持ちます。また、人類の将来についても、私は、希望を持ちます。キリスト再び来たり給う時、その時に我々は栄化、復活させて頂きますけれども、その時に神が我々に賜う愛は、人の目未だ見ず、耳未だ聞かざるものです。その時我々の感慨はいかばかりであろうかと思います。諸君も、一人一人が、他人はどうあろうとも、一人が確立すれば、日本国が確立し、そして全人類が確立するという勇気を持って、各自、自分の与えられた職務に励んで下さい（三五三―三五四頁）。

第四八講　キリスト教道徳の第一、謙遜

ロマ書第一二章三―八節

（昭和四七年七月九日説教）

三節「わたしは、自分に与えられた恵みによって、あなた方ひとりびとりに言う。思うべき限度を越えて思いあがることなく、むしろ、神が各自に分け与えられた信仰の量りにしたがって、慎み深く思うべきである」。

〔キリスト教の謙遜とは〕

……

我々は罪深くして滅ぶべきものであったが、キリストの救い、神の恵みによって罪が赦され、神の子とせられ、永遠の生命が与えられている。これはひとえに、神の恵みに依っていることを知って、自分自身の値打ちを知る。これが「思いあがるな」という意味であります。これがキリスト教信仰の基礎です。ところが、このことを誰も教えてくれない。教える先生が分かっていませんから。無い袖は振れない。この教会に来られる方は、他のことはあまり知らなくともよいが、ただこのことだけ、すなわち、「万人罪人の信仰」だけを知っておいて頂きたい。これだけを知って頂ければ、私は満足です。我々は罪人であって、滅ぶべきもの（mortal）である。これがキリスト教の初め、入門です。この土台がガッチリしていないために、我々は、いつもぐらぐらしています。固い基礎の上に立った家は動きません。ソクラテスの「汝自身を知れ」という言葉と一致しています。

次に、積極的な面について話します。

積極的には、自分の分限を知ってそれを他人のため、神のために働かせよ、という意味であります。ここで、

マタイ伝二五章一四―三〇節にあるタラントの話を思い起して下さい。我々は各自、タラントも違い、また仕事も違います。パウロは、「目の人もあれば耳の人もある」と言いました。我々は、目であるか、耳であるか、口であるか、手であるか、足であるか、誰もが一つのタラント、一つの仕事を持っています。自分が三タラントを与えられていたなら、その三タラントを働かせたら宜しい。目というタラントで生まれていたら、目をよく働かせて目を丈夫にしてよく見たら宜しい。それを「謙遜」と言う。日本流に、人に譲ったりすることを意味していません。自分自身の価値を知り、遠慮せずに、目なら目なりに、自分の力が三なら三の力を働かすこと、これをキリスト教では「謙遜」と言うのであります……（三六八―三七〇頁）。

〔与えられた仕事を忠実に行うことの深い意味〕

四、五節「なぜなら、一つのからだにたくさんの肢体があるが、それらの肢体がみな同じ働きをしてはいないように、わたしたちも数は多いが、キリストにあって一つのからだであり、また各自は互に肢体だからである」。信者は、キリストにあって一体であり、有機体をなしている。例えば、目は頭の働きはできないが、見るという働きによって、体全体のために役立っている。……頭脳は、客観的に見て高い働きをしているように見えますが、手足がなければ、頭脳は働かない。ですから、手足はある意味では頭脳と同じく尊い。この原理を学ぶ必要があります。これによって、相手を尊重するという精神が分かってきます。

この有機体をなしていることが分かってくれれば、謙遜という意味が分かってきます。キリスト教の信仰においては、我々はこの五〇年あるいは七〇年の生涯が終ったならば、天国へ行って、復活して、永遠不滅の生命を頂く。皆同じものを頂く。ただ、この世における五〇年あるいは七〇年の仕事が少し違うだけであります。ある人は大工をやり、ある人は先生をやる。そして、それらは有機体をなしているために、各自が働かなくてはならない。ここに、各自が自分に与えられた仕事を忠実に行うということの深い意味が出てくるのであります。

六節「このように、わたしたちは与えられた恵みによって、それぞれ異なった賜物を持っているので、もし、それが預言であれば、信仰の程度に応じて預言をし」。我々は賜物を異にしている。どちらが上で、どちらが下ということはありません。社会的秩序においては上下はありますが、その職の尊さに関しては上下はない。私は、ある意味において、むしろ下の方が難しいと思います。下の仕事を、縁の下の力持ちの仕事を本当によくやるということは、相当な忍耐を要します。人間は、下の仕事をやっている間に人物が練れてきます。上になったら誰も注意してくれません。縁の下の力持ちの仕事に練れていない人が、もし上になったら駄目です、鼻もちならなくなります。……

以上、本日は「謙遜」の意味について学びました。我々の言う謙遜と、ここで説かれている謙遜とは大分違います。消極的には自分の値打を知って、積極的には自分の持ち分、三なら三のタラントを十分に働かせる。これを謙遜と言うことを学びました。すなわち、イエス・キリストが大工の仕事をされ、罪人という最も低い地位をおとりになったことに、深い意味があることを学びました。しかし、我々は、みな目立つことで尽くそうと願っています。人間が偉いと思うことと、神が偉いと見ることとの間には、大きな隔たりがあります。諸君！　思い上がることなかれ！（三七〇―三七二頁）

第五〇講　キリスト教道徳の第二、愛（二）

ロマ書第一二章一一―一五節

（昭和四七年九月一七日説教）

〔復活の望みをいだいて喜べ〕

一二節「望みをいだいて喜び、艱難に耐え、常に祈りなさい」。……

私は、この一二節は非常に大切な箇所であると思います。「望みをいだいて喜び」というのは、復活の望みを懐いて喜べという意味であります。いわゆるクリスチャン・ホープ、キリスト者の望みと言えば復活の望みでありますから、その復活の望みを懐いて喜べと言っているのであります。私は、この一二節が本日の山であると思います。復活の望みによって、望みをいだいて喜ぶ。これはいかなる境遇でもできる。誰でも、何処でも、何時でも、可能です。

次に「患難に耐え」とありますが、望みをいだいて喜ぶから患難に耐えられる。患難というものは我々に付きものです。この世では、誰にでも、必ず患難がやってきます。しかし、パウロは八章一八節で「私は思う。今のこの時の苦しみは、やがてわたしたちに現されようとする栄光に比べると、言うに足りない」と言いました。そうですから「望みをいだいて喜ぶ」、この喜びを我々は味わう者とさせて頂きたい。これがあれば、人生に恐るべきものはなくなります。

「常に祈りなさい」。我々の祈りの中心は、復活であります。我々の生活のすべてが我々の復活に集中してくる時、我々に力が出てきます。パウロの生涯は、復活が目当ての生涯です。パウロが、普通の人にできない人生を展開し得たのは、実に彼が復活を目当てに走っていたためであります。パウロは、「我は生命の冠を目当てに走る」と言っておりますが、また、「常に祈れ」と言っています。我々は復活させてもらうということを常に祈る。これには、「主の名を呼ぶ」という行が一番よいと思います（三八〇―三八二頁）。

〔貧しい聖徒を助け、旅人をもてなせ〕

一三節「貧しい聖徒を助け、努めて旅人をもてなしなさい」。この「助ける」という原語の意味は「同情または援助をもって自己を他人に結びつける」という意味です。ですから、貧しい聖徒、すなわち、福音の指導者や信者達に対して、物資をもって助けるという意味であります。前にもお話しましたが、我々の尊敬する藤井武先輩は、貧しさの故に毎朝お粥をすすっておられた。我々の先輩は、皆そうして福音を宣べ伝えてきました。福音の指導者というものは、大体は貧乏であると相場が決まっています。パウロ先生も貧乏でした。ローマの獄につながれていた時、ピリピ教会から或る人が贈り物を持ってきました。パウロは、ピリピ教会の兄弟姉妹達の行為を非常に喜び、やがてあのピリピ書ができ上がりました。そうですから、人類の宝と言われるあのピリピ書は、ピリピの兄弟姉妹のパウロに対する贈り物、同情から生まれたと言っても過言ではありません。我々は、貧しい聖徒に対して、物資を持って助けるということを努めたいものであります（三八二頁）。

〔喜ぶ者と共に喜び、泣く者と共に泣きなさい〕

……一五節「喜ぶ者と共に喜び、泣く者と共に泣きなさい」。喜ぶ者と共に喜ぶことは難しい。この難しいことが先に出てきています。悲しむ者と共に悲しむということは比較的易しいが、共に喜ぶことは我々にとって殆ど不可能に思えます。しかし、我々に聖霊が徐々に降る時、我々は信仰相応に、他人の幸福を喜ぶことができるようになります。

……どの節をとっても、非常に難しいことばかりであります。しかし、内村先生は、主の霊を受けて分相応にこれをなそうと努力することによって、信仰生活に力が生ずると言われました。我々は、神の霊を頂いて、……自分の信仰相応にこれを励んでみる必要があります。

人類の、我々人間の幸か不幸かは、このパウロが教えている愛の教えをどの程度行ない得るかということにかかっています。ですから、この一二章に説かれているこの愛の行ないは、ロマ書の付録の部分ではなく、中心問題であると言っても宜しい。愛の行ないは木の実であり、救いに入る条件、すなわち、贖いの信仰ではありませんけれども、これらの行ないというものが、個人あるいは人類の幸福を決定すると私は思う。心して一二章以下を学びたいと思います（三八三―三八四頁）。

第五一講　キリスト教道徳の第二、愛（三）――謙遜と宏量

ロマ書一二章一六―一八節

（昭和四七年九月二四日説教）

〔聖書は、永遠の生命について書いてある書〕

〔互いに思うことをひとつにし、高ぶった思いをいだかず、かえって低い者たちと交わるがよい。自分が知者だと思いあがってはならない（一二章一六節）。〕

内村先生は、「自分の信仰はひとえに与えられたものであって、私がこうしたということは、何一つ言うことはできない」と言われました。「ひとえに神の恵みである」と。諸君、自分の信仰について胸に手を当てて考えて見て下さい。私が自然にこのような伝道師になったように、諸君の信仰も自然に与えられてきたのであります。自分は信仰があるなどと自慢したら間違いです。それは信仰ではない。信仰に似たものではありますが、そんなものは信仰とは呼びません。神の賜物である「限りなき生命」、これが信仰の中心です。しかし、その信仰の中心である永遠の生命というものを、我々は欲しくない。我々はこの世のものが欲しい。健康が欲しい、名誉が欲しい、常識が欲しい。地位が欲しい。人間とはそういうものです。しかし、聖書には「神はそのひとり子を賜わったほどに、この世を愛して下さった。それは御子を信じる者がひとりも滅びないで、永遠の命を得るためである」（ヨハネ伝三章一六節）と書いてあります。すなわち、聖書というものは、永遠の生命を神様が我々に賜ったということが書いてある書であります。これを「福音」と言う。宜しいですか。はっきり覚えておいて下さい……（三八七―三八八頁）。

〔キリスト教は謙遜を知る宗教〕

〔一六節は、〕三つの部分からなっています。第一は「互いに思うことをひとつに」すること、第二は「高ぶっ

た思いをいだかず、かえって低い者たちと交わる」こと、第三は「自分が知者だと思いあがってはならない」ことであります。信者間の道徳の最後にまた、謙遜が出てきています。キリスト教道徳の第一は「謙遜」であり、第二は「愛」でしたが、愛の表現、信者間の愛の教えの最後に、再び謙遜が出てきました。

この一六節の「謙遜」が、キリスト教道徳の中心をなしています。……

……人間は高い地位につきたい。しかし、聖書には「低い地位につけ」と書いてある。この低い地位につくこと、これは復活が分からなければ、実行できません。復活の望みが分からない間は無理、「It's impossible!」（不可能）であります。どうもこの辺が、キリスト教の山であると私は思います。カーライルは、「キリスト教は謙遜を知る宗教である」と言いました（三八九—三九〇頁）。

第五二講　キリスト教道徳の第二、愛（四）

ロマ書一二章一九—二一節

（昭和四七年一〇月一日説教）

〔天国は言葉ではない、力だ〕

このロマ書一二章を原語で静かに精読して見ますと、第三節は「我汝に言う。思い上がるな」と、「自分を買いかぶるな」という言葉で始まっており、「善をもって悪に勝て」という言葉で終っています。これがキリスト教道徳の冠であります。パウロは、このことが言いたかったのです。これは、パウロが初めて言ったことではありません。イエス・キリストは、山上の垂訓において、「これを行うものは幸いである」と言われた。この幸いを我々は知りません。しかし、これを、天国の幸いと言う。善を持って悪に打ち勝つ時、我々に幸いな人生が展開してきます。パウロはそれをよく知っていました。我々もまた、聖霊の働きによって、これを知ることができます。聖霊が臨む時、復活がはっきりとしてくる。復活がはっきりしてきた時に、我々に善をなす力が与えられる。パウロは「天国は言葉ではない、力だ」と言いましたが、そういうような力のある信者が一人でもよい、この高円寺東教会から出ることを祈ります。神が、そういう聖霊の人を起こして下さることを望みます（三九八頁）。

第五三講　キリスト教道徳の第三——政府と国家に対する義務

ロマ書一三章一—七節

（昭和四七年一〇月一五日説教）

〔内村先生のキリスト教は仰ぎ見る宗教〕

内村先生は、「私のキリスト教は仰ぎ見る宗教である。十字架の主を仰ぎ見て義とせられ、復活の主を仰ぎ見て潔められ、再臨の主を仰ぎ見て復活せしめられる。私のキリスト教は終始仰ぎ見る宗教である」と言われました。私の耳にまだ残っています。先生の弟子に一人の絵画きさんがおりましたが、彼は主を仰ぎ見ておられる内村先生の肖像画を描きました。「仰ぎ見る」というのは動作です。これ程先生は「仰ぎ見る」ことを強調されておりましたが、私はそのことがよく分からなかった。しかし、今はこの意味がわかってきました。それはロマ書を勉強したからであります。

ロマ書一〇章一〇節「なぜなら、人は心に信じて義とされ、口で告白して救われるからである」。ここには、救いの条件が二つ書いてあります。「信じる」ことと、「口で主は救い主なり、我が主イエスよ、と言うことと。……七〇歳を迎えてその意味が分かりました。口で「我が主イエスよ」と言い表わすことは、救いに入る条件ではないが、救いを完成する条件である。救いに入る条件は信仰だけであるけれども、救いに入って信仰を続け、それを完成するためには、口で言い表わす必要がある、ということが、自分の経験で分からされました（四〇二—四〇三頁）。

第五四講　キリスト教道徳の第四――社会の一員としての愛

ロマ書一三章八―一〇節

（昭和四七年一〇月二九日説教）

〔信・望・愛は単数、一つのものの姿〕

一〇節「愛は隣り人に害を加えることはない。だから、愛は律法を完成するものである」。……この文は、原語では、「完成」「愛」などの名詞が並んでいるだけで、動詞はありません。非常に力強い調子です。この故に、愛は律法の完成であると言う。すなわち、神の子とせられた信仰、復活の望みを持って、口で我が主イエスよと称えて、そして目の前に置かれた義務をなすということは、律法の完成だと言うのであります。コリント前書一三章には、愛、神の子とされた信仰、それに復活の望み、この三つが単数で表現されています。動詞は単数の動詞を使っています。信・望・愛、この三つは単数で、一つのものの姿であります。一枚の紙の裏表であります。神の子とせられた信仰、復活の望み、主の名を称え、そして献身。献身とは自分の目の前に置かれた義務をなすこと、これを愛と言う。これはイエス・キリストの贖いから流れ出る一つのものです。神の愛が我々の心に展開し、口に展開し、そして身の上に展開してくる。これを、すなわち「愛」と言うのであります。

このままで　我が主イエスの名を呼べば
我は知らずも　主共にいます（小西先生自作の歌）（四一二―四一三頁）

第五六講　小問題の解決、唯一つの事

ロマ書一四章一節―一五章一三節

（昭和四七年一一月一九日説教）

〔ロマ書の六つの霊的真理〕

ここにロマ書の六つの定理〔霊的真理〕を要約しておきました。よく見て下さい。この第一、第二定理が基礎です。これが分からないと次の定理は分かりません。これに興味のない方は、この教会にいくら来られても、この基礎定理が分かっていなければ、ナンセンスです。私は、五〇年前に内村先生からこの基礎の定理を学びました。その時はまだ、第三以下の定理は分かりませんでした。しかし、五〇年経った今、神様から教えられて、ようやく少し分かるようになりました。

「ロマ書の六つの霊的真理」

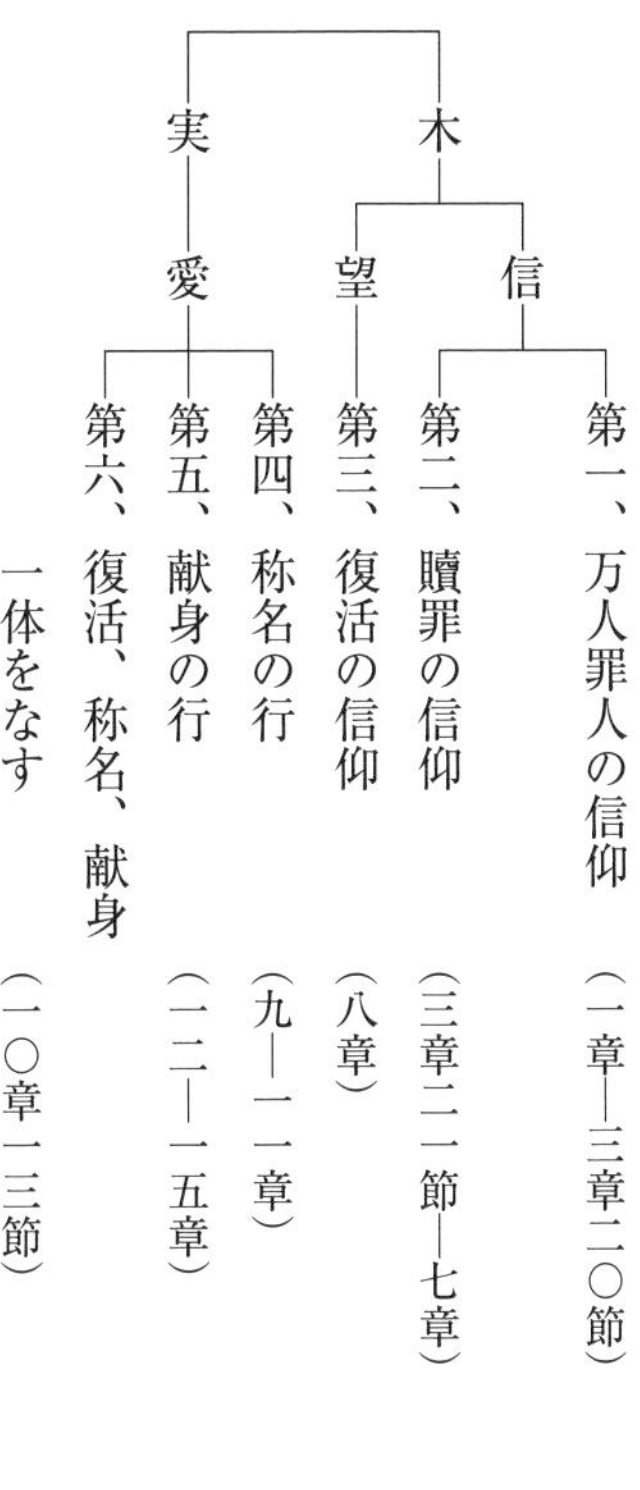

三章二三節「すなわち、すべての人は罪を犯したため、神の栄光を受けられなくなっており」、三章二四節「彼らは、価なしに、神の恵みにより、キリスト・イエスによるあがないによって義とされるのである」。

私の説教は、右の二節に書かれている基礎の上に立っています……（四二二―四二三頁）。

第五八講　パウロの友人録

ロマ書一六章一―二四節

（昭和四七年一二月三日説教）

〔フィベ〕

一、二節「ケンクレヤにある教会の執事、わたしたちの姉妹フィベをあなたがたに紹介する。どうか、聖徒たるにふさわしく、主にあって彼女を迎え、そして、彼女があなたがたにしてもらいたいことがあれば、何事でも、助けてあげてほしい。彼女は多くの人の援助者であり、またわたし自身の援助者でもあった」。パウロは、一五章の終りで「主の恵みが共にあるように」と言って話を終えましたが、次に、この手紙を託す人を紹介する必要がありました。パウロはこの手紙を最初にフィベという女性に託しました。私は、このパウロの不滅の手紙を、か弱い女性に持たせ、途中で何か事故にでも遭って、この手紙が紛失するようなことがあったらどうなっていたかと思います。フィベは、パウロが病気になった時、ケンクレヤの港で看病した女性であると言う学者もおります。私は、この女執事がパウロの手紙をローマに届けた功績について、軽く見るべきではないと思う。フィベのお蔭で、我々は、今日このロマ書を読むことができるのであります。我々の手にくる業（わざ）は問いません。真剣にやる必要のあることを、このフィベからも学ぶことができます。パウロは三〇年間異邦を伝道しました。この伝道の仕事と、我々の手にくる業の人類に対する貢献は同じであると思います。パウロ自身、手にくる業をなしたに過ぎないと思っていたに相違ありません（四三八—四三九頁）。

〔プリスカとアクラ〕

……私は、この人生で、信仰における友人を持つ以上の幸福はないと確信します。私の七五年間の生涯は、そのことを証明しています。諸君、信仰の友人を持つことは、自分にも信仰が与えられていることを意味します。自分に信仰が与えられていなければ、信仰の友はできません。自分に信仰が与えられて、信仰の友を得るのであります。私は、プリスカとアクラの二人のように、本当にパウロのために生命を捧げて、パウロを助け励ます夫婦の生活は、地上において最も恵まれた夫婦生活だと思います。パウロは、このプリスカとアクラの二人の友を得て、彼の人生はさぞかし幸福であったであろうと想像します。内村先生は、「人生は数人の友があれば足る」と言われました。諸君！　信仰を与えられ、そして信仰の友を得て下さい。人生の幸福、これに勝るものはありません。私は、私から福音を聴いて信じている数人の友人を持っています。私はこれだけで満ち溢れています。人生で他に欲しいものはもう何もありません。満足です。パウロも二七人の名をあげ、「よろしく」と言う時、彼も同じこの喜びに溢れていたと思います（四三九—四四〇頁）。

〔二七名の友人〕

パウロのロマ書は、この二七人の友人との出会いによって生れました。友人とパウロとの愛の交流がロマ書を生んだ。ロマ書ができたのは、この二七名のお蔭であります。そして、この二七名のうち、三分の一が女性であった。そして、最初に出てくる女性が、パウロの手紙を託されたフィベでありました。第二番目はアクラの妻、プリスカであります。当時は男尊女卑の時代ですが、主の御前においては男女同権であるということがよく分かります。パウロは女の頭は男であると言っておりますが、同じコリント前書においては「主の前において男は女によっているし、女は男によっている」（一一章一一節）と述べています。……

信仰の分かった二七名の者達が集まる、これは驚くべき勢力です。我々もまた、このように生き生きとした初代の「家の教会」に還らなければならないと思う。現代の教会において、尊敬すべき先生方がおられることも事実ですが、もう一度「家の教会」に立ち還る必要があることを痛感します。そうでなければ、本当のキリスト教の生命が伝わらないのではないかと思います（四四〇—四四一頁）。

〔家の教会〕

諸君、どうぞこの教会でパウロの福音を学び、信仰が分かったならば、自分の家で集会を持って頂きたい。私が死んだ後、諸君の中から自分の家で集会を持つ人が出てくることを信じています。福音を本当に分かった人が数人集まったら、聖書を学ぼうという気になってくる。教会の制度などがあったら、かえって邪魔になるのではないかと思います。

福音は、それを分かった人から伝わります。分からない人は、福音を宣べ伝えることができない。私が福音を宣べ伝えるのは、私が内村先生からそれを聴いたからであります。大正一〇年五月一五日、「福音とは、我々の行ないによらず、我々の信仰によらず、ひとえにイエス・キリストの贖いによって、永遠の生命を頂く」、これを内村鑑三から聴き、福音が分かりました（四四一頁）。

第五九講　終結・頌栄の辞

ロマ書一六章二五―二七節

（昭和四七年一二月一〇日説教）

〔信仰の従順〕

「信仰の従順に至らせるために、もろもろの国人に告げ知らされた」（二五―二六節）。信仰の従順、信仰に至る従順……。私は、ここが本日の山と見ます。……「従順」という字に山があると見ます。福音を本当として受けることと、問題は受けるか受けないかにかかっています。

「唯一の知恵深き神に」。……この「知恵深き神に」という文字に注意して下さい。ロマ書一五章一三節で、最初にロマ書を終えたと思われた箇所には「希望の神が」と書いてあります。すなわち、復活の希望を与えて下さる神が、信仰からくるすべての喜びと平安とをあなた達に満たして、そして、聖霊の力によって、復活の希望に満ち溢れる者とならせて下さるように、と言って、一旦はロマ書を閉じました。それから、二回目にロマ書を終えたと考えられる一五章三三節では「平和の神」となっています。しかし、ここの最後のところでは「知恵深き神」となっています。わたしは、この「知恵」という字は、非常に意味が深いと思う。信仰は知恵です。「神の知恵」であります。我々の知恵を超越しています。復活の望み、これは神の知恵であります。我々が復活を知る、復活を信じるというのは知恵であります。私は、まさに一文不知の尼入道のように、無智の者であります。私は、法然上人の言葉「阿波之助（あわのすけ）という一文不知の陰陽師が申す念仏と源空が申す念仏と変り目なし」という言葉を思い出します。

この「アワノスケ」という名前は、どうも「ヨシノスケ」によく似ています。私は、「芳之助という一文不知の伝道師が申す称名と源空が申す称名と変り目なし」と、法然が言って下さっているような気がする。本当の滋養分ならば、誰が食べても滋養分になります。真理は、誰にでも真理です。法然上人が信じたら極楽に行けて、我々が信じたら極楽に行けないのであれば、そのようなものは真理ではない。真理であれば、誰が行じても同じ結果が得られるはずであります。

「知恵」と言う字に注意して下さい。深き知恵は、信仰によって自分のものとすることができる。我々が五の知恵で理解する時は、五の範囲しか理解できません。四次元の真理は、信仰によって初めて自分のものとすることができる。それを本当なりと信じる。ここが山だと思います。これが、キリスト教の五つの霊的真理〔第一七講の図を参照〕を理解する鍵であります。繰り返しになりますが、二プラス二は四であることは誰でも知っている。これは理解して知る。しかし、「信じて知る」という別の知り方を、現代の人間は失いつつあります。この能力を使わない。これは、一九世紀以来、あまりにも自然科学が発達して唯物主義が盛んになり、この人間の最も深い、信仰という能力を我々が喪失しつつあるためであると思います。ですから、本当に深い知恵を自分のものとすることができない（四四七—四四九頁）。

第六〇講　ロマ書大観

ロマ書一〇章一—一三節

（昭和四七年一二月二四日説教）

〔ロマ書・五つの感想〕

〔第一の感想　キリスト教の救いは、人生に力強い〕

第一の感想

感想の第一は、キリスト教の救いというものが、いかに人生に力強いものであるかということであります。キリスト教の救いを言い表わすのに、ヨハネ伝では、イエスがニコデモとお話しになった時、「新たに生まれる」という言葉をお使いになりました。また、その時、イエスは「神の国に入る」という言葉もお使いになりました。

またヨハネ自身は、この救いのことを「神の子となる」という言葉で述べております。そして、パウロは、ロマ書では「信仰によって義とされる」と述べて、「義とされる」という言葉を使っています。イエスのお言葉で言えば、新生、すなわち、新たに生まれる、あるいは神の国に入る、またヨハネの言葉で言えば、神の子となる、また、パウロの言葉で言えば、信仰によって義とされると、さまざまな言葉が使われておりますが、これらは四つとも「救い」を表わしている言葉であって、同じ意味であります。その内容は、神から永遠不滅の生命を頂くということであります。そして、この救い、すなわち、永遠の生命というものが、いかに人生に凄い力を現わすものであるかということを、ロマ書全一六章を用いて、パウロは展開致しました。

この「力」という文字に、私は深い感銘を覚えます。ドゥナミス（力）とパウロは言いましたが、ダイナマイトという字もこれに由来しています。このロマ書の初めにおいて、パウロは、私がこの手紙を書くのは、君たちローマの信者に私の霊の賜物を分け与えて、君たちを力づけるためであると言いました。またこのロマ書の終りでは、「あなたがたを力づけることのできるかた、すなわち、唯一の知恵深き神に、イエス・キリストにより、栄光が永遠より永遠にあるように」と言い、「力づける」という言葉でロマ書を終っているのであります。すなわち、ロマ書は、「力」でもって始まり、「力」でもって終っている。私は、そのことを先ず感じます（四五二頁）。

〔第二の感想（一）　永遠の生命の展開の姿〕

第二の感想

……パウロは、永遠の生命というものは、こういうふうに五つの霊的真理（第一七講参照）として展開してくると述べて、明瞭に説明しました。すなわち、先ず、自分は滅ぶべき罪人であると信知せしめられ（万人罪人の信仰）、それにもかかわらず、キリストの贖いによって義とされて永遠不滅の生命を頂き（贖罪の信仰）、神の子とされて復活するという望みを頂く（復活の信仰）。すなわち、心では神の子とされたと思い、そしてこの世においては神に護られて、そして天国へ往って復活する、神の子とされるということと、復活するという望みが心の状態であります。このことが、一章から八章までに説明されています。そして、その心の状態が口に現れてくると、「イエスは主である」と告白するようになる。すなわち、口では、「我が主イエスよ」と言い表わすことになります。これが九章から一一章までの内容であります。そして、その告白が我々の身に行ないとして現れてきますと、毎日、日々与えられる自分の義務、すなわち、神の意思をなすことになります。これを「献身」と言う。……永遠の生命が展開する姿、その中心は、復活の望みです。これが、パウロが展開した永遠の生命の説明であります（四五三―四五四頁）。

〔第二の感想（二）　復活の望みが、日々の行ないの励まし〕

……復活の望み、すなわち、我々が復活する者となるという望み、永遠不滅の生命を頂くということ、これが救いの中心でありますから、このロマ書本文の最後の一五章一三節で、「聖霊の力によって、あなたがたを、望みにあふれさせて下さるように」と書いて、パウロはロマ書の本文を閉じたわけであります。こと程左様に、この復活の望みが中心となっています。そしてまた、この復活の望みが、我々の日々の行ないの励ましになります。ですから、パウロの山上の垂訓ともいうべきロマ書一三章の終り、聖オーガスチンをもって世界に大感化を与えたあの一三章の終りにおいて、「夜はふけ、日が近づいている」、すなわち、パウロは、復活の日は近いことを述べて、復活を信じつつ、日々の道徳生活を送るよう勧めているわけであります（四五五頁）。

〔第三の感想（一）「信仰」は、意思の働き〕

第三の感想

私は、この救いというものは、神の知恵からきていることを感じます。パウロは、ロマ書の最後の祈りにおいて、知恵深き神に栄光あれと述べて、「知恵」という文字を使っています。この救い、すなわち、福音というものは、神が深い知恵を用いてお考えになった、我々のような滅ぶべき人間を救う方法であります。すなわち、神は、神の愛をもって、イエス・キリストをこの世に降して、この永遠の生命を我々罪人にお与えになった。これは、神の知恵から出た神の恵みであります。これは、神の知恵であって恵みでありますから、我々人間の頭の中の考えや理性を超えています。我々は、これを信じて受けるより手がない。方法は、それを本当として受けるだけです。……

「信仰」というのは、それを本当とする、すなわち、本当として受けることであります。これは、理性や感情とは違う一つの精神の働きと見て宜しい。意思の働きとみて宜しい。本当とするとはどういうことかと言えば、我々の感情がそれに賛成しなくても、また我々の知性がそれを理解できなくとも、意思の働きによって、それを本当として受け取ることであります。そして、この本当とすることは、我々の意思の力によって可能です（四五五―四五六頁）。

〔第三の感想（二）　現代人は、信仰の能力を喪失しつつある〕

この神の恵みを信じることによって、この恵みが自分のものとなる。このことを、パウロは、ロマ書において、「信仰より信仰に至る」と表現しました。私は、現代人に、信仰という能力を鍛錬することを教える必要があると思います。信仰の能力は、何でもそうですが、使わなかったら無くなります。現代人は、信仰の能力を喪失しつつあります。科学万能の妄想、迷信の信者となりつつあります。この信仰をもって神の知恵を受け取るということ、これは何もキリスト教の真理だけに限りません。この人生において、自分より高い知恵を受け取るには、この信仰という方法しかありません。この人生において、本当に知恵ある人が自分の判断に苦しんで、自分より上の知恵を持っている人、すなわち、先生や先輩に聴いて、その先生や先輩の知恵に信じ従って、それを自分の知恵にしたという例を、私は沢山知っています。この頃の人間は、この従うという精神を失いつつあります。私は、世界の動乱はそこに原因していると見ます。知者の知恵を聴くという謙遜さがなくなった。これはキリスト教だけの問題ではありません。信仰の能力を喪失するということは、人類の重大問題であります（四五七頁）。

〔第四の感想　万人に可能〕

第四の感想

この神の知恵を、我々は信仰によって受け取るのですから、これは万人に可能です。誰でも往ける、ということです。ロマ書を読んで、私はそういう感想を持ちます。誰にでも可能です。説明を要しません。第四の感想は、説明は簡単ですけれども、意味は重い。諸君、これを自分に当てはめて下さい（四五七頁）。

〔第五の感想　永遠不滅の生命を、人間は欲しくない〕

第五の感想

この永遠不滅の貴い生命を、人間は欲しくないということであります。我々人間は、これを欲しくない。イエスは、「豚に真珠を与えるな」と言われた。また「猫に小判」と言う言葉もあります。我々人類は、永遠の生命を欲しくない。我々は、これに無関心です。「猫に鰹節」と言いますが、我々は、この世のものが欲しい。健康が欲しい。知力が欲しい。肉の能力が欲しい。しかし、永遠の生命は欲しくないのです。ここに、キリスト教を学ぶ困難があります。我々はこの永遠の生命の貴さを知らないから、それを欲しくないのです。もしこの永遠の生命というものを知ったならば、きっと欲しいに違いない。これは、知らしめてもらう必要があります。そして、この永遠の生命というものは、これを知っている人だけが説明できる。無い袖は振れません。これは、知っている人からのみ聴ける教えです。諸君、パウロから直接聞いて下さい。ロマ書から聴いて下さい。二流、三流の教師から聴くことをやめ給え！　そして、その聴き方は、信仰をもって聴く。私は、福音というものは、それを知っている人から知っている人に伝わるものだと信じます……（四五八頁）。

〔ロマ書は世界最大の書〕

以上、五つのことについて、私の感想を述べました。これが、私がロマ書を読んで感じたことであります。本日の私の感想は、いずれをとりましても重い一か条であります。諸君！　注意して下さい。

私は、内村先生から聴いて、この救いが少しく分かりました。一九二一年、二二年の二年間聴きましたが、それから五〇年が経ちました。私はロマ書の講義を二回致しましたが、さらに、内村先生から聴いて六〇年目に当たる一九八一年、八二年には、もし健康が許されれば、第三回目のロマ書の講義をさせて頂きたいと思っています。当教会の兄弟姉妹たち、どうか私のこのわがままを許して頂きたい。

ロマ書は世界最大の書である、と或る学者は申しました。世界最大の書であるかどうかは私は知りませんが、私は新約聖書をこの二五年間に少しく勉強させて頂いて、ロマ書は新約聖書の中で最も大切な書であると信じます。もし新約聖書というものが人類が持つ最大の書であるとすれば、私は、ロマ書は人類が持つ最大の書であると確信します。私のこの確信が正しいか、誤りであるかは、人類の歴史が証明します（四五八―四五九頁）。

第三部　「同志会日誌語録」より

小西芳之助は、東京帝国大学の学生時代、同志会という学生寮にいた。同志会は、明治三五年阪井徳太郎氏によって建てられた東京大学のキリスト教学生のために建てられた学生寮で、文京区西片町の土地に現在も続いている。石館守三は、財団法人同志会の理事長を昭和二一年三月から昭和五七年まで、三七年間務めた。

同志会の学生は、三義務（毎朝の祈禱会出席、金曜会出席、日曜日の礼拝出席）が課せられているが、金曜日の夜開かれた金曜会には、卒業生である先輩が出席して感想を述べることができる。小西芳之助は、牧師になってから、同志会の副チャプレンの役割を果たしていたが、昭和三二年頃からは毎月のように金曜会に出席し、学生と交わり、所感を述べることが多かった。同志会には、当番の学生が金曜会などの記録を書いたノートが保存されている。同志会の一〇〇年記念事業として、昭和三七年卒業の外会員の村上瀏治氏が、金曜会ノートの中から、石館守三と小西芳之助の発言記録の箇所を探し、清書して整理された。たまたま『同志会会報』でその文書が作成されたことを知った筆者は、それを送って頂き読んだが、学生に対する思いやりと真実に溢れた単刀直入なアドバイスに満ちており、同志会と村上瀏治氏の了解を頂いて、小西芳之助の伝記の一部として、ここに引用させて頂くことにした。

〔与えられたことを一生懸命やるように〕

どんな場所でもよいから与えられたことを一生懸命やるように。私は与えられた事は陰日向なくやってきた。手に負うた事は誠心誠意やる事が人生を知る事の鍵となる気がする。伝教大師（最澄）は「一隅を照らす人」を作ることが目的であった。パウロは、「汝ら、低きにつけ」と言った。どんな場所でも、人類に貢献できるものだ。ペテロは凡人であったが故に、神に導かれたのだ。

（昭和三二年三月八日　金曜会）

〔辛抱して時間を投資せよ〕

聖書は信仰の専門家が書いたすごい書物だ。素人に分かるはずがない。脳の一部のintellect（理解力）だけをふりまわして「こんなのツマラン」という人がいる。ちょっと損することをせなあかん。損する積りでやれ。初等教育をやるにも六年間毎日毎日やる。いわんや聖書は高級やで。簡単にわかるものやない。途中で止めたらいかん。辛抱して時間を投資せよ。時間を投資せずに得られるものはロクなものではないぞ。これが得られたら、与えてもらったら、ありがたい。幸いだ。

石舘先生は感激屋だった。武者小路〔実篤〕の『幸福者』が出て、それに感激しておられた。富、名誉、業績いろいろあるが、それを得たからとて本当に感謝して、人のために生命を捨ててやったろうという精神は出て来ん。辛抱して三義務を守れ。利益のないところへ投資するつもりでやれ。

（昭和三二年四月一九日　金曜会（署名式））

〔社会の一隅を照らす人となれ〕

どうかこの同志会から本当にキリストを住み家とする人が多く出て欲しいと思う。決して「大」という字のつく人になってもらいたくはない。社会の一隅を照らす人となって頂きたい。人の言うあの人は偉いなんていうことは大したことではない。年を取ると初めてこの様なことがはっきりと分かって来るものである。この様なものはこの世の一時的なものにすぎない。死にいたるまでそれぞれの立場でキリストを住み家とする人となってもらいたい。

内村鑑三さんが、日蓮について話したこと。日蓮という人は誰の援助も受けずに、鎌倉の松林に掘っ立て小屋を建て伝道を始めたのである。今から七〇〇年前、一二五四年のことである。その後罪を着せられて佐渡へ流されたが、五年もの間死なずに生きながらえた。そこでやっと死刑が許されたのである。その頃になるとようやく世間の人から注目され始め、弟子も沢山出来たのであるが、ふっつりと伝道をやめて、初めて伝道を始めたと同じような掘っ立て小屋にすみ、瞑想にふけったのである。

（昭和三三年九月一三日　金曜会）

〔各国にもてる宗教は旧教であるべき〕

スウェーデンの誰かが「世界の各国においてその国のもてる宗教は旧教であるべきである」ということを言ったのですが、これには私は非常に感激した。浄土真宗と同物異名と見てよいとハイラー氏は言う。深いロゴスと関係づけて理解していいと私はハイラー氏の言を受け取った。ハイラー氏の話「浄土真宗を見て驚いた。親鸞は東のルター。ルターは西の親鸞です」と言ったんだ。我々が仏教を忘れ去ったころ、これはかえって西洋から逆輸入されるのではないか。カール・バルト氏も大いに親鸞を認めているのです。

（昭和三三年一〇月二四日　金曜会）

〔愛とは自分の手に落ちてくることを熱心にやること〕

聖書の愛アガペーとは神と人との愛だ。その愛を信じても他人を愛するということは残って来ない。愛とは自分の手に落ちてくることを熱心にやることだと思う。私には他人を愛するということはできない。自分の手に落ちてくることを熱心にやること、これが愛だと思う。この金曜会にどんなまずい話でもしたくなるのは神様がそれを愛であると勘定して下さると思ってだ。思いやりでもそれが出来ればした方がいい。友人が病気だったらみてやる。気付いたらいいことは少しでもすればいい。日本に大なるキリスト教の指導者が現れたら、それはきっと親を大切にする人だと思う。これはまちがいない。だから君達は分相応に親も大事にし、思いやりを持ちなさい。

（昭和三四年五月一五日　金曜会）

〔一日は一生であり、空費してはならぬ〕

Big and small. 英文感想。I love big and small. 偉大は神の証明ではない。小さいことにおいても大きいことにおいても同様に神の力を証明しうる。小さいことによって神の力を証明したい。大きいことに目をとらわれるが、微細なこともやった方が真理を知りうるのだろう。会社でも大きな役はやりやすい。モーゼ、イエス、パウロもある年まで何をやったか分からん。君らも会社でつまらん役があたる。しかしsmall thingsを忠実にやれ。そうやることが諸君の将来を決める。

一日は一生でありこれを空費してはならぬ。朝の心で一日は決まる。こうして一生を終る（内村『一日一生』より）。朝と夜３seasonsでいいから祈れ。これを続けてやると本当のことが分かる。なさずして論じても無駄だ。

（昭和三五年二月五日　金曜会）

〔実行してほしいこと二つ〕

聖書を読んでの感想を述べる。どんなつらい時でも実行してほしいこと二つ。

一、ヨハネ伝にあるイエスを見上げること。どうにもならない時、十字架上のイエスを見上げるときっと救われる（ヨハネ伝三章「荒野で蛇を見上げる」）。

二、主イエスキリストの名を呼ぶこと（ロマ書一〇章）。主の名を呼ぶ者は救われる。心の乱れた時することができ信仰に直結している。この誰にでも出来ることこそ大切なのである。誰にでも出来ることをやってほしい。

（昭和三五年七月一日　金曜会）

〔尊敬する人物〕

尊敬する人物は必要である。それに似る。私は源信が好きである。『往生要集』を読むと、悲しい時も苦しい時も力づけられる。親鸞は念仏は無碍（むげ）の常道と言った。しかして洋の東西を問わず古今の友を見出すのは、これは重要なことである。但し、宗教はどれでもいいというのではない。偉人は自分で苦しみを解決してきている。古典はすぐれている。古今東西に友を求め、世の尊敬する人物が出るといい。（昭和三五年一〇月二一日　金曜会）

〔金澤常雄先輩〕

金澤常雄先輩（大七）は私の二、三年先に卒業された。二年間内務省の役人をして牧師となられた。北海道に数年おられた。その後独立伝道された。昭和二年から独立された。収入もなく内村先生の弟子として最も苦労され、無教会の良心であると言われた。三〇人以上の集まりはなかったと想像するので、奥さんも苦労されたろうと思われる。

内村先生の信仰がもっとも純粋に受け継がれているのは金澤先生であろうと思う。最も近しく感じていた。夏期講習会に私も参加し可愛がってもらった。ああいう信仰が同志会内にあったのは感謝である。金澤常雄先輩が来阪され私宅へ泊られたのもこの間のようである。

（昭和三五年一〇月二一日　金曜会）

〔毎日のことを真剣に取り組め〕

塚本虎二先生は説教を一行にまとめるが、説教内容を一行でまとめることのできる人は達人と言うべきだろう。何か一事をなすことのできる人間になりたい。パウロの如く与えられたものをやり遂げること、一つのことをやり遂げた人間、自分の前に置かれたことを誠心誠意行うがよい。パウロも初めは伝道をしようと思っていなかったのではないか。手に落ちてくることをいやがらずにやるがよい。

毎日毎日のことを真剣に取り組め。その累積が「一つのことをやり遂げた」と言いうる人間にするのだ。日々死す。誠心誠意ことにあたる心構え。私は少年の時私の姉より毎日学校で習ったことを復習させられた。これが現在と無関係ではない。つまり手に入れたことを真面目にやってきた。「俺はこれこれのことをやった」という人生を送ってもらいたい。そのために日々真剣に誠心誠意ことにあたるべきだ。〔昭和三五年一一月四日 金曜会〕

〔俗事と伝道とは同じ価値〕

永遠の生命をもらって復活することになった以上は、この世の仕事は何も同じだ。俗事でも伝道師も同じである。これはルターが言った。だから内村先生のお弟子は皆社会へ一度出た。黒崎、矢内原、塚本、ここの金澤先生だってそうだ。私は〔内村先生から〕五年間聞いたが、先生は一度も伝道師になれとは言われなかった。すでに一高を出る時私は伝道師になると宣言していた。「お前は官吏、お前は実業家になれ。おれは伝道師になる」。親は猛烈に反対した。大学を出て文官試験に合格した。私が弱かったこともある。この世に未練があったこともある。しかし肝心の先生が勧められなかったことが一番である。先生から俗事と伝道とは同じ価値なりと学んだ。

〔昭和三六年四月二八日 金曜会〕

〔滅ぶべきものが永遠に生きるものになる〕

これからも聖書の勉強をするだろうが、聖書の文句というものは一つの円周をなしている。一つの軌跡をなしている。どこをとっても中心点から等距離にある。同じ性質を持っている。したがって聖書の研究には、自分の考えを捨てて聖書の教えに従う。自分の考えを捨てる。そういう謙遜な態度が必要。自分の好きなところだけを読んだのではいつまでたっても分からん。分からないところ、または平凡なところが分かるようにならねばならん。したがって真理の中心は、義にして愛なる神が我々を救うた〔ひとり子を遣わした〕こと。イエス・キリストの贖いと関連を持っている聖書全体が主張する中心点が分かるようにならねばならん。虚心坦懐に学ぶ。永遠の生命、罪のあがない、古い自分を捨てて……。mortal なものが immortal になるのが救い。円の中心は亡ぶべきものが永遠に生きるものになるということだということを覚えてもらいたい。奉仕とか何とか言うが永遠の存在者のみ奉仕できる。

（昭和三七年三月二日　金曜会）

〔一日一生〕

S君のちょうちん持ちをするようだが、小さな善をやる、小善をやる。自分一人でやる。他人を誘わずこういう習慣をおつけになったらよいと思う。人間は何をしたかということは非常に大切じゃないかな。何を考えていたか何を思ったかではなくて人間は何をしたか。毎日早禱、毎日曜集会に出ることが非常に大きい。我々が何をしたかということは我々の考えに大きな影響を与える。内村先生が「一日一生」と言われたが、小さい善をする一日一日が君達を決定する。早禱に毎日出る。何をするかは何を考えるかより非常に大切。したがってS君の言うように、毎日出るということも非常に大きなことだと思う。

（昭和三七年三月二日　金曜会）

〔金澤常雄先生の思い出〕

"Boys be ambitious."という言葉の世間的解釈は聖書にはない。社会に出ていく人はどんな職業でも与えられたものを誠心誠意やって欲しい。人の魂に食い込む人間になって欲しい。アブラハムはイサク唯一人に信仰を伝えた。同志会からそのような人が一人でも多く出てくれることを望む。同志会から地球を一周するようなホームランを。

私が四九歳の時、八王子の自宅に金澤常雄先生（当時五五歳）を訪ねた。ちょうど雨の降っている日であった。先生は小学校の校僕のような服を着ておられた。私が先生に「先生、私もこれから伝道師になります」と言ったら、先生は自分が初めて伝道師となった時、内村鑑三を訪ねた時の話をしてくれた。その時内村は金澤先生に次のようなことを言われた。「世間では、内村は雄弁だとか学問があるから飯が食えるというけれど、伝道師が生活できるのは神の恵みによるのだから、心配しないでやれ」。

私は伝道師として一五年経つが、子供の一人は牧師、一人は教師、娘は病院に勤めている医者と結婚した。一五年間支えられてきたというのは神の恵みである。

（昭和三七年一〇月一九日　金曜会）

〔卒業する諸君へ〕

卒業する諸君に一言申し上げたいと思って来たがどうも結論は出ない。が一言申し上げたいのは我々の人生は、五〇年、七〇年では終わらない、そのあとに新しい生命が開けて来るということである。聖書はしっかり読まねばいけない。私の一〇年の聖書研究の生活の結論は我々の人生は五〇年、七〇年では終わらない、その次にあるということだ。肉体は滅びるが生命は続く。諸君は人生で悲喜色々の経験をするだろうが、これを忘れないでほしい。すると業績が上がらなくても失敗してもがっかりせん。次の生で業績を挙げればよいからだ。イエス・キリストはこの世の生命を憎む者は生きると言われた。それはこういうことである。成功も失敗も問題でない。与えられたことをコツコツやれ！

（昭和三八年三月一日　金曜会）

〔東山魁夷先生の話〕

最近感じたことを申し上げます。ＮＨＫの人生読本に月火水の三日間、画家の東山魁夷先生が「絵と人生」という話をされた。二日目の話で「自分は美術学校を出て世界中の風景を見たが、努力すればするほど絵は画けない。昭和二〇年頃応召して戦争に行き、朝から晩まで戦車に爆弾を投げ入れる練習をしていた。そういうある朝熊本城を見た。その時非常に美しく見えた。なぜかと反省するに、死を前にして人から賞めてもらいたいとかそんなことが一切なくなって心が純になったためであろう。またその頃同僚たちとこの世的な階級、有能無能を離れて友情を培ったのは本当にためになった。敗戦後千葉県の寺に入って絵を画いたが、その時の絵が画家として認められた最初のものである」私はこの話に本当に感激して涙が流れた。

（昭和三八年六月七日　金曜会　阪井会長を記念する会）

〔願と行〕

仏教の浄土門の言葉に「願」と「行」というのがある。「願」を達するために行うことが「行」である。何事も願行具足すれば達成することが出来るというのである。何事も「願」があって真実の「行」があれば必ず達成する。偉いと言われた人は皆願を、一生変わらぬものを持っていた。本当の願が起こったら行がついてくる。真剣にやれないのは願がないからだ。こういうことをやるぞという願を立てればできる。君達も本当に願を立ててみよ。願が確立したら、行がついて来て、行をやるにつれて願が強くなる。

（昭和三八年一〇月四日　金曜会）

〔聖書は人類二〇〇〇年の経験によって残ったもの〕

諸君、こうしたら救われると書いてあるところには注意したまえ。自分で分かったと思って頭でこしらえたものは吹けば飛んでしまう。誠心誠意、聖書を読まなければならない。人類二〇〇〇年の経験によって残ったもの、これは科学と一緒だと思う。実験済みだよ。この頃の若い科学者は聖書について書かれた書物を勉強し、聖書は勉強していない。これはいけないと思う。

（昭和三九年六月一二日　金曜会　阪井会長追悼会）

〔信と行について考えよ〕

Miss Laura J. Mauk について。Miss Mauk は私の信仰上の師であった人です。彼女は一九一四年伝道女学校の教師として来日された。彼女は一方では伝道女学校の教師として務めつつ、他方月曜会（バイブル・クラス）を組織して青年男女の信仰の導き手となった人です。彼女は天国に帰るという望みを抱き謙遜で慈愛に満ちておられた。そして四〇年間黙々として伝道に尽くされた。彼女はまさに信と行の人であった。天国への信仰は確固としていた。そしてその生涯が示しているように行ないの人でもあられた。

諸君、信と行について考えよ！　キリスト教の信とは何か。行とは何かと。この二年間みっちり考えよ!!　行の伴わない信仰は駄目です。キリスト教が無力なのは信だけを説いて行がないからに違いない。とかく批判されがちな創価学会が依然として有力なのはなぜか。私は信と行が並存しているからだとにらんでいる。どうか諸君、Mauk 先生は信と行の人であられたのですが、諸君もそのようにあって欲しい。（昭和三九年九月一八日　金曜会）

〔永遠の命をめがけて毎日の義務をやること〕

今日朗読した「兄弟たちよ。そういうわけで、神のあわれみによってあなたがたに勧める。あなたがたのからだを、神に喜ばれる、生きた、聖なる供え物としてささげなさい。それが、あなたがたのなすべき霊的な礼拝である」（ロマ書一二章一節）の献身ということは難しいことではない。日々の小さな義務を行なうこと、やること、Do!! ということだ。これが献身だ。決して難しいことではない。即ち天国をめがけて、永遠の命をめがけて毎日の義務をやることだ。Do!!　ということだ。（昭和三九年一一月一三日　第六二周年記念祭）

〔名人の碁に妙手なし〕

ラジオで碁の名人橋本雄二郎九段の話を聞いた。彼は五〇年間碁を打ってきた。碁には碁の原理があってその原理で暮らしてきたということだ。私も一八年間聖書を読んではいるが、まだ聖書の原理で生きているとは言えない。出来たら名人の如くに暮らしたい。また名人曰く「名人の碁に妙手なし」と。良いこと。大切なことだ。普通の手、普通の生活、平凡なこと、これをキチンキチンと誠実にやっていく。その時にキリスト教の原理で暮らせたら本当の名人だ。（昭和四〇年一月二九日　金曜会）

〔内村先生の伝記の感想〕

内村先生の伝記について説教したことについての感想。内村先生の七〇年の生涯をみて先生の真の伝道は五九歳の時に始まったと言ってよいと思う。そのため実に六〇年間準備をされたような気がする。先生の最盛期に講義を聞いて感激したが、その当時はそんなに偉いとも思わなかった。しかし今にして先生の福音の理解の深さに打たれる。聖書、福音の理解には相当の年月がかかるものだとしみじみ思う。先生は一二歳まで儒教の厳しいしつけを受け、一七歳にして福音に接し猛勉強をしバプテスマを受けて一〇年位して、一応理解したということです。五二歳の時に一人娘を失って初めて復活ということが分かったのである。聖書を理解するのに何と五〇年もかかっているのである！　娘の死は先生の信仰に大きな寄与をしているのである。……

このように聖書理解には時間がかかるものだ。君達も決してあせってはいけない。……自分の努力によって信仰が生まれるのではなく全く神の恵みだと、内村先生も言われている。信仰は分かれば何物にも代えられない宝となる。君達は投資しているつもりであせらずに求道し、信仰と永遠の生命を自分のものとして体得して下さい。

（昭和四〇年四月三〇日　金曜会）

〔洗礼の勧め〕

今日五月三一日は、私の七〇歳の誕生日である。……

①勧め――洗礼の勧め。今まで五〇年の生活（六月二日は受洗五〇周年の日）で人に洗礼を勧めたことはなかった。しかし一九六八年正月から半年にわたる病気により心境が変化した。信仰は人間側の決心、求道心、聖書の勉強によるのではなく、神が下さるものであると分かった。……賜物はキリストのことば、聖書の言葉から来る。「信仰は聞くことによるのであり、聞くことはキリストの言葉から来るのである」（ロマ書一〇章一七節）。そやから聖書を学ぼうという気になったら洗礼を受けよと勧めたい。自分の心がどうだろうかとか、何とかいうのは

考えないでよい。本当にこれから聖書を学ぼうという気があるのなら、明日明後日にも洗礼を受け給え。聖書を勉強しなかったら、牧師でもなんでも地獄へ行くぜ。牧師、伝道師でも真剣に聖書の勉強をしていない。内村先生は聖書の勉強だけをしていた。これはよかったと思う。……イエス様守って下さいと毎日祈る。守ってくれるかくれないか知らんよ。ただ聖書の中でイエスが祈れと言っているから祈るのである。洗礼を受け給え。無条件に受け給え。

（昭和四三年五月三一日　金曜会）

〔死ぬまで Bible を離すな〕

私の神信心はキリストを信ずることである。聖書の言葉を通して。言葉を信じている。私の信仰は実に簡単。聖書が私にとって大きな存在である。Bible を死ぬまで離すな。Bible は自分で読むと我流になり、好きなところしか読まぬ。注解書を読む必要がある。死ぬまで Bible を学び続けることが出来たら、それだけで同志会に来た価値はある。一日三分でも五分でも良い。毎日読め。黒崎先生の注解書は外国語の注解書に劣らぬ。

信仰五〇周年を祝い、自分の信じている、自分の実行している聖句、自分はキリスト教をどう信じているかの聖句に関して感想を書いて欲しい。私は聖句を大切にする。

神を信ずると言うことは何も難しいことではない。研究することではない。思索することではない。一つの聖句に人生をかける。命をかける。死ぬまで Bible を離したらいかん。一〇年コリント前書を毎日勉強したらその人の一生は必ず変わるであろう。Bible は実に力がある。聖霊の書である。虚心坦懐に学ぶべし。大注解書と共に毎日少しずつ学ぶべし。宗教は命の問題、道徳以上のもの、もっと真剣なものである。

（昭和四三年九月一三日　金曜会）

〔信仰的な生き方〕

Chaplain Assistant として。ここにいる間に信仰ということを勉強してもらいたい。難しいことではない。人間の生き方には「知的理解によるもの」と「信仰的理解によるもの」と二つある。

信仰的な生き方というのは、自分の知恵によらないもの。我々は自分の知恵でやってくる癖がついている。しかし、人間の知恵と違うことで他者がこうやれと言うと、分からなくてもそうかと信じる生き方がある。それによって自分の知恵では不可能なことができる。これを信仰によって生きると言う。信仰とは自分ではなく他者である。従う。従うのみ。Perfect submission is perfect.

（昭和四一年四月二二日　金曜会　署名式）

〔分からんからへばりつく〕

大正五年からのこの建物ともいよいよお別れである。私が白山教会で洗礼を受けたのは大正七年の六月二日、ちょうど昨日で満四八年、今日からは信仰四九年生である。年ばかりとったが、結局初めに習ったことを繰り返しているようなもの。即ちイエスを救い主として信ずること、これである。理性でのみ追及するのは哲学であって、宗教ではない。

分からんでも続けておったらよい。分からんから去るのではなく、分からんからへばりつくのである。「汝らのうちに良きことを始めたまいし神は、終りの時に必ず完成する」とある。長期抗戦である。この金曜会も一見無駄だが、この建物になって五〇年も続いてきた。

（昭和四一年六月三日　金曜会）

〔神の命じること、つまり目の前の義務をすること〕

我々は神の子ではなく滅びの子である。福音により神の子になる。しかるに今神の義があらわれた。ヨハネ伝一章。これを始まりとする。自分は神の子とされたという信仰が得られた。この世に於いて神の命じることをする。これは難しいことではない。つまり目の前にある義務をすることである。キリストは大工をしていて十字架につけられたが、この際逃げることはできたが、その時キリストは逃げないこと、つまり十字架につくことが主の御心と思って、ついに死んでも父の御元に帰るという信念があったからこそ出来たのである。人間離れのした心によってのみできたのである。

日々の与えられたことをしてこれをもって天国に行くということ、これをキリスト者というのである。

（昭和四二年六月二三日　金曜会）

〔信者には先生がいる〕

夏休み前最後の金曜会に当って、キリストの話を聞きだしてから五〇年、聖書を人に宣べ伝えだしてから二〇年になるが、その経験からキリスト教の中心を述べよう。

パウロの言う如く神の啓示は我々の知恵をもってしては分からない。しかし信じることによって実践することはできる。このことが中心である。そのためには神の言葉を語る人が重要である。それを聞いて信じて行動することがよいのである。故に信者には先生がいる。ある意味では分からぬことを信じたとして信仰を築くべきである。親鸞は法然の言を信じてこれに全てを任せたと言い伝えられる如くである。

「信仰せよ」はどこにも書いてあるし、誰でもそう言う。しかし「これぞ」というものを「これぞ」という先生から聞いて、「これだ」と思い飛び込んで、知恵で分からぬものを信じなければならない。

（昭和四二年七月七日　金曜会）

〔信仰は聞くことから始まる〕

信仰は自分で求めるものではない。自分の力ではない。自分の前に落ちてくる義務を忠実にやっておればよい。

聖パウロは「信仰は聞くことから始まり、聞くことは神の言葉による」と言われた。与える意志は神様にある。道元は鎌倉を止めて福井の永平寺に行く。志のある人は、どこまでも求め従って行く。一九一八（大正七）年柏木からＹＭＣＡへ説教に来られた内村先生、私はその時偶然に捕まった。

（昭和四三年五月一〇日　金曜会）

〔聖書の言葉の中にキリストが生きている〕

職業は問題ではなく、どういう心持でそれをやるかが問題。信仰は神を信ずる＝キリストを信ずる＝キリストの言葉即ち聖書の言葉を信ずることである。聖書の研究がいかに必要かが分かる。パウロは「信仰は聞くことによるのであり、聞くことはキリストの言葉から来るのである」（ロマ書一〇章一七節）と言っている。

ルターは「聖書はキリストでないかも知れないが、聖書はキリストの『ゆりかご』であり、聖書の言葉の中にキリストが生きている」と言っている。一九―二〇世紀であまりにも科学が発達し、科学万能になりすぎている。

（昭和四四年一二月五日　金曜会）

〔先生にへばりついておれ〕

聖書は霊感によって書かれた。我々の頭では理解できない。聖霊が臨むと聖書を真なりと信ずる。内村先生の講義を聴く。聖書の話ばかりだった。キリスト教の深い真理は聖書にある。聖書は聖霊によって書かれた。したがって分からない。イエス・キリストだけが聖霊を持って生まれた人間である。我々は学んで聖霊を受ける。自然にやってきます。死ぬまで分からないのが当たり前だが、へばりついておれ。先生にへばりついておれ。へばりつき戦術。自分は会社員であるから聖書のみを読む。

二〇年間聖書を講義。続けて読むと聖霊によって書かれたことが分かる。聖書を読むこと。註解は聖書である。死ぬまで聖書を離すな。へばりつき戦術。聖霊はキリスト教のカギ。

（昭和四六年一月一七日　於テモテ教会）

〔天国は言葉ではない力である〕

この三月一四日、私の教会を始めて満二二年になる。内村先生の集まりで学生時代六年間聖書の講義を聞いた。内村先生は自分の信仰や経験など一切話さず、聖書の教えだけを話された。信仰とは聖書の言葉を信ずることである。聖書の教えの述べ伝えてきたことによって聖書が少しく分かった。

聖書は地の書ではなく、天の書である。これを理解するには聖霊が是非必要だが、聖霊は一度に降ることは稀である。それ故に忍耐が必要である。汝らの力は年と共に増す。聖霊は徐々に降るものである。「復活」などというものはそう簡単に分かるものではない。天国は言葉ではない力である。キリストを神の子と信じることが救われる道である。愛を行なったから救われるとは書いていない。聖書は自分の分からない所を読まなければならない。分かるところを自己流で読んでも何にもならない。

（昭和四五年四月一六日　金曜会）

〔恵心僧都源信〕

恵心僧都源信に関して。源信が日本民族に対して如何なる貢献をしたか。彼は天台宗の僧である。法然、親鸞に大きな影響を与えた。地獄極楽の思想を最もはっきりと教えた。人生はこの世だけではない。源信は日本の仏教史から除くことは出来ない。日本思想史にも出てくる。何の宗も起さなかった。

源信のような考えを持っている人が本当にキリスト教を理解すると思われる。ロマ書の中心はキリストの復活である。これは来世のことを書いている。ロマ書八章は聖書の輝点である。復活の信仰の分かる人は源信のような考え方を持っている人ではないか。パウロの持っているのは復活の力である。

（昭和四七年六月九日　金曜会）

〔贖いを信じるということが信仰である〕

贖いを信じるということが信仰である。贖いを信じるということは向こうが贖うのであり、我々がどうするということではない。我々の確信とかそういうものではない。ロマ書四章一七—二一節。アブラハムの信仰、自分にとっては不可能なことを神がなし給うと信じた、それが信仰である。自分の方から言えば救われることは不可能であるが、神が救って下さるという約束を信じること、それが信仰である。

それは聖霊が臨んで分かる。自分が信じるのではなくキリストの贖いによって信ぜしめられるのである。受け身である。

（昭和四八年一〇月二六日　金曜会）

〔はなむけの言葉〕

はなむけの言葉。私は一九二〇—一九二三年、同志会にいた。その後二〇年間会社員生活をしてから伝道者になった。自分のしたいことは後にして、すべきことをせよ。無理をする必要はない。重要なのは知識ではなくて我がものとすること。

（昭和五二年三月二五日　金曜会）

〔「信ずる」能力を訓練せよ〕

前回はキリスト教の真理について語った。生まれつきの理性をもってしては理解できない。その意味ではそれは正しいが、同志会の内会員は機会を持てるのだから活用してほしい。つまり「信ずる」ということを通して、生まれながらの理性を超えた真理を理解してほしい。能力を訓練しないと退化するように、「信ずる」という行為を続けていなければ「信ずる」能力が退化していく。唯物思想の影響で「信ずる」能力が低下している。キリスト教の真理を外国語のつもりで勉強して欲しい。早禱や金曜会や日曜礼拝などを通してキリスト教の真理を理解してほしい。

（昭和五二年一〇月七日　金曜会）

第四部　恵心流キリスト教

第一章　恵心流キリスト教の説教

小西芳之助の高円寺東教会における説教は、聖書の講解がほとんどであり、約三〇〇本のカセット・テープが残されている。

その中から、昭和五〇年六月二九日に行われた「恵心流キリスト教」と題した説教が、小西芳之助の信仰と恵心流キリスト教の特徴をよく表していると思うので、ここに紹介することにする。この説教は、『ローマ人への手紙講解説教』（キリスト新聞社、一九九四年）に付録として収められているものである。

恵心流キリスト教（第四五講付録）

ロマ書三章二一―二六節、ロマ書一〇章九―一三節

（昭和五〇年六月二九日説教）

昭和四七年六月四日のロマ書第四四講では、「ロマ書九章、一〇章の大意」を学びましたが、その時、ロマ書一〇章九―一三節の聖句の私の理解をお話しし、私のキリスト教を「恵心流キリスト教」と呼ぶことを初めて申し上げました。私の信仰を公に「恵心流キリスト教」と申すようになりましたのは、この講義に始まったわけであります。

また先月の五月一一日の日曜日には、佐生兄弟が「恵心流キリスト教について」と題して証言をしてくれました。これが、「恵心流キリスト教」と題して、私と一緒に福音を学んでいる若手の一人が語った最初であります。

本日は、特別に「恵心流キリスト教」と題しまして、もう少し説明を致したいと思います。

初めに「恵心流キリスト教」と名付けた理由について申し上げます。その次に、恵心流キリスト教の特徴についてお話しし、最後に、源信（恵心僧都）の先生と見るべき中国の善導、源信ならびにその弟子とも言うべき源空（法然上人）の三人の方から学んだ点を申し上げます。

一　恵心流キリスト教と名付けた理由

第一の理由。ロマ書一〇章九、一〇節、一三節の理解につきましては、内村先生からは学びませんでした。源信の教えによって、この三節の意義が分かりました。従って、私は、私の聖書理解を恵心流キリスト教と呼んでいるのであります。しかし、恵心流キリスト教と申しましても、これは聖書に基づくキリスト教でありまして、特別に何か他のことを指しているわけではありません。聖書をこのように理解するという、聖書の理解の仕方を私は源信（恵心僧都）から学んだ。どのように学んだかということについては、後の恵心流キリスト教の特徴、すなわち「称名」のところで詳しく説明致します。要するに「称名」、すなわち、イエスの名を呼ぶことがキリスト教の救いの条件となっていることを発見したということであります。原文をよく読みますと、パウロは救いの条件として、主の名を呼ぶことを挙げています。私は、このことを誰からも学ばなかった。源信から学びました。これが、私の聖書理解を「恵心流キリスト教」と申す所以の第一であります。

第二の理由。このキリスト教信仰が、まだかつて人類史上で理解されてこなかった点であります。度々申し上げますが、ロマ書一章一六、一七節はルッターをもって世界を感化し、一三章の最後の部分はオーガスチンをもって世界に大きな感化を与えましたが、この一〇章九、一〇、一三節が世界に大感化を与えたということはまだ聞いておりません。私は将来、必ず、この三節をもって、世界に大感化を及ぼす日があることを信じて、「恵心流キリスト教」と言ったのであります。

第三の理由。恵心流キリスト教は、同じく聖書のキリスト教信仰でありますが、この私の聖書の理解を他のキリスト教信仰と区別するために、例えば、私の恩師内村鑑三先生の理解と区別するために、敢えて「恵心流キリスト教」と呼んだのであります。

二　恵心流キリスト教の特徴について

第一の特徴。「称名」、すなわち、「主の名を呼ぶこと」であります。私は久しい間、「主の名を呼ぶこと」が救いの条件になっていることが分かりませんでした。七〇歳になって初めて分かった。私は、それまでに、ロマ書を何百回、オーバーに言えば、何千回と読んできました。しかし、このことは分からなかった。内村先生は、「主を仰ぎ見ること」をお述べになりましたが、この「仰ぎ見る」という行を先生から学んだことが、「称名」の行を知る手段、助けとなったことは認めます。度々申し上げておりますが、ロマ書一〇章九節、一〇節は、原文では一文を成しています。ギリシヤ語では、最も大事な言葉が一番最初にきて、次に大事な言葉が、文章の最後にきます。この原文では、最初に「主の名を呼ぶ」という字がきており、最後に、また「主の名を呼ぶ」という字がきている。これは、まさしく、パウロが主の名を呼ぶことを極めて重大視していたことを示すものであります。「心で信じる」という字は後になっています。まず主の名を呼び、それから、心ではイエスが復活したことを信じる。パウロは強調を「称名」に置いています。これは原文の構成から見て明らかです。

この「称名」は、神からきた妙なる「行」です。聖書には、神から来た妙行が二つ書かれています。一つは「主の名を呼ぶ」こと、他の一つは「主を仰ぎ見る」ことであります。ヨハネ伝には「モーセ荒野において蛇を上げし如く、人の子もまた上げらるべし。すべてこれを仰ぎ見る者は救わるべし」とあり、内村先生はこれら二つの行のうち、後者をおとりになりました。私は内村先生の弟子であり、先生から信仰を教えられた者でありますが、前者の行をとります。この妙行（称名）というものは、日本の浄土宗において、また浄土真宗において展開されてきました。また、日蓮宗においても、南無妙法蓮華経と称えています。いずれも救い主の名を呼んでいる。もう一つ、我々の先祖が行ってきた妙行に「座禅」があります。座るということ、私はこれも妙行の一つと思います。この点については、天国で、道元禅師に会いましたら、直接お訊ねしたいと思っています。要するに、「称名」は神から来た妙行であります。これが恵心流キリスト教の第一の特徴であります。

第二の特徴。第二は、「贖いの信仰」であります。それを一言で言えば、「信じる」という字に二つはないということです。簡単に言えば、我々が救われるのは、贖いと自分の信仰の二本建ではないということです。贖い一本で救われる。聖書には、贖いを信じて救われると、二本建のように書いてありますが、我々の主観的理解においては、贖いと信仰の二本建で救われるのではありません。贖い一本でよろしい。これは重要です。皆これに引っかかっています。信仰の客体、何を信じるかということの中には、人間側の信仰は含まれてはならない。すなわち、「贖いを信じて救われると信じる」というように、「信じる」という字が二つあってはならないのです。「贖いで救われると信じる」と、「信じる」という字は一つだけで宜しい。信仰の客体、信ぜられるものは一つ、贖いだけです。これは頭の問題です。そう頭で理解するのです。この信仰理解は、私の理解ではありません。善導大師の理解であります。このことは「善導大師に学ぶ」と題して、改めてお話ししたいと思います。

第三の特徴。第三は、「献身」であります。ロマ書一二章をよく読んで見ますと、「献身」、すなわち「愛」の行ないは、神の意思をなすことであると書かれています。神の意思をなすということの第一は、我々が救われるということであります。我々が救われることが、神の意思に一番かなっています。そうですから、その献身の第一には、「称名」が含まれています。献身の第一は「称名」です。献身の第二は、一二章をよく読むと、神から与えられた分を活用する、自分の分を尽すということ、換言すれば「目の前におかれた義務を尽す」ことであります。献身の第三は、「天国を目当てにする」ということです。これは行ないではありませんが、要するに天国を目指す、復活を目指すこと、これがキリスト教の全体です。パウロはロマ書を閉じるに当たって、ロマ書一五章一三節で、「聖霊の力によって、あなた方が復活の望みに満ち溢れるように」と言いました。キリスト教を一言で言えば、「天国へ往く」ということであります。宜しいですか。

以上、献身の特徴を三つ述べました。「称名」と「信仰」と「献身」、これが恵心流キリスト教の特徴であります。

三　善導、源信、源空から学んだ点について

（一）善導から学んだ点

第一の点。福音が書かれている聖書の本文に相当する仏教の大無量寿経には、「至心に信じ楽しんで彼の国へ生れんと欲して、そして称名する者」と書いてあります。浄土宗のバイブルの中に「信じて称名する者」ということが書いてある。善導大師は、それを註釈する時に、「称名したら彼の国に生まれる」と、称名だけを残して、信仰という字を省かれました。これは善導の創見と見て宜しい。私がそう言っているのではありません。

第二の点。観経（観無量寿経）の注解書の中に、「この経を深く信行するものは必ず衆生をあやまたず」と書いてあります。善導大師は、この観無量寿経を信じて行う人は決して人々を誤り導かないと言いました。私はこの言葉をロマ書に当てはめたい。「ロマ書を深く信じ行う者は、人々を決して誤り導かない」と。ロマ書が我々を間違いなく天国へ導く書であることを、私は善導大師から学びました。

（二）源信から学んだ点

第一の点。「妄念のうちより称名せよ」と言われたことであります。妄念とは、信仰も何もないことであります。その落第生のままで称名せよと源信は言いました。横川法語を読みますと、三段になっていますが、最後の三段目のところに、妄念という字が五回出てきます。「妄念はもとより凡夫の地体なり。妄念のほかに別に心はなきなり。臨終の時までは一向妄念の凡夫にてあるべきぞと心得て念仏すれば来迎にあづかりて蓮台に乗ずる時

こそ妄念をひるがへして覚の心とはなれ。妄念の内より申し出したる念仏はにごりにしまぬ蓮のごとくにして決定往生うたがひあるべからず」と。落第生のままで称名せよということです。

第二の点。この世が終って浄土へ帰る時に、救い主が迎えに来てくれる、「その時の喜び言葉をもって述ぶべからず」と言われたことであります。私は、これをヨハネ伝一四章の初めに当てはめたい。イエスは、「I will come and take you where I am.」（私が来て、あなたがたを私の居る所へ連れて行く）と言われました。「その時のお前達の喜びは言葉をもって述ぶべからず」とイエスは仰せになったのではないかと私は思います。きっと、ヨハネはそれを聞き逃してしまったのだと私は思います。自分の分からないことは聞き逃し勝ちなものです。ヨハネは、その時は喜びに充ち溢れるぞと仰せになったことがよく理解できなかったのだと想像します。我々が天国へ迎えられるときの喜びや如何！　このことを私は源信から学びます。

（三）源空から学んだ点

法然上人〔源空〕は、一枚起請文において「三心四修と申すことの候は、皆決定して南無阿弥陀仏にて往生するぞと思ふ中にこもり候ふなり」と言われました。三心とは信仰、四修とは行ないのことです。すなわち、源空は信心も行ないも、共に救い主の名を称えるうちに含まれると言いました。信心を否定して、そして称名のうちに含まれると信ずる。すなわち、「信心否定の信心」であります。これは善導の理解です。善導は、本願の信心を否定して、称名一本で救われると信じました。この「信心否定の信心」は、善導から始まっています。源信の言われる「妄念のうちより称名せよ」というのも信心を否定しています。これが横川法語に現れています。源空もその弟子ですから、信も行も否定して、称名によって救われるという点で一致しています。

このように、三人共「信心否定の信心」をお説きになりました。宜しいですか。これなら、誰にでもできます。信心のない我々のような落第生でも持つことのできる信心であります。以上が、善導、源信、源空から学んだ点であります。

これを要するに、ロマ書の原文を、源信の信仰を持って丹念に読めば、こういうふうなキリスト教にならざるを得ない。キリスト教の歴史において、ルッターが最も深くパウロの福音を理解したと申しますけれども、私の見るところでは、パウロのロマ書を最も深く理解した人は、人類の歴史において恵心僧都であると思います。これは将来の問題です。アルトハウスが正しいか、小西芳之助が正しいか、将来が決定します。ルッターは、主の名を呼ぶ「称名」ということを言っておりません。ルッターは、この重要なロマ書第一〇章九、一〇節について、「emphasis」（強調）の置き場所を間違えたのではないかと思います。私は、本日の説明を、皆さんに直ちに分かって頂こうとは期待しておりません。また、信じて頂かなくとも宜しい。これには時間がかかります。内村先生でさえも、五〇歳を過ぎて、娘を亡くして初めて復活を理解された。キリスト教の深い真理というものは、一〇年や二〇年で分かるものではありません。時を要する。今、分からないのは当然です。

最後に一言申し上げたい。この六月二四日の朝、家内と一緒に散歩した時のことです。細い道を二、三歳の、まだ幼稚園に行かない位の子供が、横断歩道を渡っておりました。こうして可愛らしい手を上にかざしながら渡っていました。私はそれを見て、「これだな、信仰とは」と思いました。子供はまだ交通事故の恐しさを知りません。交通規則も知りません。親が、道路を横断する時は、こうして歩きなさいと教えたに違いない。子供は、そのまま実行した。私も、称名の深い意義、贖いの深い意義はよく分かりません。ただパウロ先生の教えに従い、恵心僧都の教えに任せて、私は、次のように口ずさみながら、この人生を歩んで行きたいと思っております。

主イエスと呼ぶを励まん　今日もまた
手に来るわざも　御國めざして（小西先生自作の歌）

第二章　恵心流キリスト教の功徳、ご利益

恵心流キリスト教の功徳、ご利益について、小西は、昭和五三年一月八日の説教の中で述べたことがある。その説教を掲げる。この説教は、『わが主イエスよ――恵心流キリスト教・説教集』（横濱大氣堂、二〇一六年）に収められている。

死に勝つ生涯（その二）（抄）

（昭和五三年一月八日説教）

「わが主イエスよ」という称名の意義、ならびに功徳、ご利益について語りたいと思います。これは、人間の言葉をもってしては説明できない。称名のご利益というものは人間の言葉では、もうこれは説明できません。私の気付いた点、ちょっと簡単に一一を挙げてみます。

第一は、救いの条件を満たすことになるのですから、これは贖いの無限の恵みを自分に吸い取ることになるのですから、われわれに、神の子たるの信仰、それから復活の望み、これがいよいよ確かになってくる。救いの条件を満たしつつあるのですから、神の子たるの信仰、復活の望みがいよいよ深くなってくる。これが第一。

第二は、神の意思を行うことですから、愛の行ないです。キリスト教で「愛」というのは、すなわち「わが主イエスよ」と言うことです。「わが主イエスよ」と称えることが、これが人間の行う愛の絶頂です。

第三は、神が贖いの恵みを、無限の恵みを、称名として人類に提供されているのですから、それを真受けに受けて「わが主イエスよ、わが主イエスよ」と言うことは、神に対する感謝、報恩になる。神に対して感謝し、神のご恩に報ずることになります、「わが主イエスよ、わが主イエスよ」と言うことは。

第四、これはきょうの「死に打ち勝つ生涯」の中心になってくる。死に打ち勝つ力が与えられる。「わが主イエスよ、わが主イエスよ」と言うことは、死に打ち勝つ力が与えられる。

戦国時代に高山右近という小さい大名の信者がおりました。これは旧教でしょうな、旧教ですから「わが主イエスよ」と言ったか、「主よ、憐れめ」と言ったか知りませんが、「わが主イエスよ」と言ったでしょう。高山右近の兵隊は戦争で強かったそうですね。これはきっと「わが主イエスよ」「主よ憐れめ、主よ憐れめ」と言って戦争しているんですから、死を恐れていない。死を恐れていないような、こんな兵隊は強いですよ。負けない。首がちぎれてもまだ言っている、「わが主イエスよ、わが主イエスよ」。だから将軍が「攻めよ！」と、司令官から命令が来たら、ばーっと鉄砲を持って向こうに行って、「わが主イエスよ、わが主イエスよ」と攻めて行くんですから、強いですよ。私はよく分かりませんけれど、豊臣秀吉も高山右近には手を焼いたのだろうと思う。要するに、死に打ち勝つ力、これは称名から来る。

第五に気が付くことは、これは祈りになる。「主の祈り」をイエス・キリストが教えた時に、「汝ら、かく祈れ」という時に「御名をあがめさせたまえ」という字が初めに来ている。「わが主イエスよ、わが主イエスよ」という称名は、祈りになる。これは現世、来世に通ずる、これは祈りの親方です。大抵われわれは祈りと言ったらわがままな祈りをしています。「わが主イエスよ、わが主イエスよ」というのは、これは祈りになります。クリスチャンの祈りです。

第六は、万人に可能です。これは、万人に可能です。誰でもできる。万人に可能。万人が出来る、これが好きです。万人に可能ということ。

法然上人のお言葉に「男女、貴賤、行住座臥、時、所、諸縁を論ぜず、これを処するに難からず、乃至、臨終に往生を願求するに、その便りを得たりと、恵心の先徳の書き置き給える、誠なるかなや」と法然が言うた。

第七、世間のことは三次元でありますけど、称名は第四次元の消息の言葉です。

第八には、人相が変わってくる。称名するまでは「俺が」というような傲慢な顔をしているけれど、称名をし出してくると、穏やかな、人相が変わってきます。

第九には、喜び、平安がついてくる。

第一〇、神の子たるの信仰、復活の望みですから、主ともにいまします。主と聖霊がともにいまします。

第一一、健康、長寿。これに勝るものはない。栄養の滋養分とか、あるいは妙薬、薬とかいうのは問題にならない。健康、長寿、これが一番。私みたいなこんな弱い、半分死にかかっている人間が八〇まで生きているというのは、これは称名のおかげです。私はそう見ていいと思う。他のことは忘れてもいい。健康、長寿のために称名しましょう。

次に、小西芳之助の追憶集である『小西芳之助先生余芳』（元高円寺東教会共励会発行、一九八一年九月）に、高円寺東教会の会員で、かつ同志会の後輩でもある加藤栄一氏（昭和五六年当時筑波大学助教授）が、「称名の徳について」という題で、称名の御利益について書いている。その文章を引用する。

称名の徳について

加藤栄一（同志会・後輩）

「わが主イエスよ」と称えることを「称名」という。小西先生に、こう主の名を呼べばいいのだよと、苦難の底で教えられてから称名二〇年である。その経験によると称名には多くの功徳がある。

一、救われる

人は行ないによって救われるのではない。この罪を救うに足る善行は、人には不可能である。パウロが、信仰によって救われると言ったのはこの意味である。

しかるに、今の人々は、信仰とは常識で理解できないことを頭に受け入れることだと思っていて、自分には信じられないと言って苦しんでいる。小西先生は、この弊に気づかれたので、大胆にも「信仰もいらない」と言われた。信じられなくても、信じられないままで「わが主イエスよ」と称えれば、もうそれで十分だと言われるのである。まことに易行道である。絶対他力である。ロマ書一〇章一三節に「主の御名を呼び求める者は、すべて救われる」とあるのが証拠である。これは福音中の福音である。

小西先生は、昭和四三年のお手紙で、こうして称名していることは、実は信仰していることであると示された。いわく、

「称名はイエス及び神を信ずること及び信仰を継続していることになる。疑い深きトマスも遂に『わが主よわが神よ』と称名した」と。

二、だれにでもできる祈りである

ある青年は祈りのことばが巧みで、会衆の中でしばしば美しい祈りをした。この青年に苦難が訪れ、その余りに頭は動かなくなった。神に救いを求めようとしたが、祈りのことばが出て来なかった。このときわずかに「わが主イエスよ」とつぶやくように言うことはできた。

神の前には一〇〇万の善言と同じ祈りである。老朽の人、瀕死の人にもできる。だれにでもいつでもできるゆえに万人の救いである。「ひとりも滅びないで」（ヨハネ伝三章一六節）の聖句を実現するものである。

キリストに対し弟子は、「主よ、私たちに祈ることを教えてください」と願った（ルカ伝一一章一節）。小西先

生は、私たちに祈ることを教えて下さったのである。

三、キリストと一体になる

称名が深くなると、「生きているのは、もはや私ではない。キリストが私のうちに生きておられるのである」（ガラテヤ書二章二〇節）という境地が現出する。これは、旅の朝、外の清流を眺めつつ無心に称名しつつ座っていた時の私の体験である。こうなると我らもキリストのように生き得る。我らの心身をキリストのように大切に護持し、献身することができる。

称名によって聖霊を受けるのである。

四、伝道になる、証しになる

人に聞かせるために称えるのではない。しかし、たまたま人の耳に入れば伝道になる。証しになる。その時はただ奇異な感じを覚えたとしても、後年その称名していた人の姿を思い出して救いに導かれることがある。

五、他を妨げず、他に妨げられない

浄境と喧騒の地とを問わない。設備や準備を要しない。誰の手もわずらわせず、いつでも実行できる。

六、罪とが、後悔、恥ずかしさを洗い去る

失敗のたびに「わが主イエスよ」と称えて平安を回復する。

七、謙虚になる

愚夫愚婦のする愚かな行ないに見えるゆえに、上士もこれを行なうと謙虚になるのである。「聖霊を受けない間は、この神の知恵を解することができない故に愚かに見えるのである（小西先生『コリント人への第一の手紙講解』一四頁）。

「そこで神は、宣教の愚かさによって、信じる者を救うこととされたのである」（コリント前書一章二一節）。

有能の青年よ、大きなすばらしい善を行なおうとせず、この愚かに見える小さな善をなせ。「大善は名に近く、小善は仁に近し」とある。

八、単純であるから日本人の国民性に適する

インド人は壮大な幻を好み、中国人は文を好む。ヨーロッパ人は論理の構築を好み、ユダヤ人は弁証を愛する。しかし、日本人は直感が鋭く、単純を愛好する。故に仏教の受容においても観念や経文よりも直截な六字、七字に帰投した。日本に根を下ろすキリスト教は、やはりそのようなものであろう。

小西先生の恵心流キリスト教は、単純な称名によるゆえに、将来の日本のキリスト教の中心になるであろう。仏教徒にもわかるであろう。

先生のお手紙には「単純であるから力が出るのであります」と示されている。

九、安心である

「効果（現世における御利益）。心の状態は依然として肉の欲と妄念とであるが、何となく平安である。死して天国へ行き、キリスト来給うとき復活させてもらうと思うと、とにもかくにも思い煩うことがない」（小西先生「よろこび」第一九一号）

危ない時も称名しておれば、「念彼観音力（ねんぴかんのんりき）、刀尋段々壊（とうじんだんだんえ）」である。

一〇、讃美になる、感謝になる、天に宝を積む

一一、行住坐臥いつでもできる

一二、称名は神に語りかけることである

多少出入りがあるが、これら一二の称名の功徳を挙げて、小西先生に見て頂き、お許しを得た。

終章　小西芳之助の今日的意義

天国からの伝道――石館家庭集会と今井館の高円寺東集会

小西芳之助は、生前の聖書講解の中で、「私の伝道は、天国に行って、キリストとパウロ先生から直接ご指導を受け、地上の同心の人々を通して、開始される」と述べていた。

石館守三の長男石館基は、小西の召天後、高円寺の自宅で、家庭集会を続けてきた。小西の残された録音テープを聞いて、一人一人が感想を述べて学ぶという集会であるが、平成二三（二〇一一）年一一月まで、三一年七か月にわたって、六六三回の家庭集会を開いてきた。

また、石館基は、集会を継続しながら、次の本を出版してきた。

『ローマ人への手紙講解説教――恵心流キリスト教』キリスト新聞社、平成六年九月
『主の御名を呼ぶ』石館基編、高円寺家庭集会、平成一二年四月
『コリント第一の手紙講解説教』高円寺家庭集会、平成一五年五月
『コリント第二の手紙講解説教』高円寺家庭集会、平成一六年一一月
『ガラテヤ人への手紙講解説教』高円寺家庭集会、平成一七年四月
『天国の外交官――小西芳之助・恵心流キリスト教』石館基編、高円寺家庭集会、平成二一年四月

石館基は、三一年家庭集会を続けてきたが、平成二三年一一月病気のため、家庭集会を閉じた。

石館基が家庭集会を閉じた後、佐生健光と山口周三が引き継いで、目黒区中根町の今井館の集会室を借りて、

石館家庭集会

高円寺東集会を続けている。既に七年、一八〇回を重ねるまでになった。高円寺東集会でも、小西の残した説教テープからテープ起こしをして、集会のテキストとして聴いて、終わると本として出版している。

それらの図書には、次のものがある。

『エペソ人への手紙講解説教』高円寺東集会、平成二七年九月

『わが主イエスよ——恵心流キリスト教・説教集』高円寺東集会、平成二八年一二月

『ピリピ書・コロサイ書講解説教』高円寺東集会、二〇一九年九月

小西芳之助の今日的意義

「小西芳之助の今日的意義」について、感ずることを記したい。

第一に、キリストによる十字架の贖いはキリスト教の奥義であり、これを受けるには、称名の一手であることを明らかにした。

キリスト教を信ずるようになる経緯は人によって

違いがあろうが、キリストが十字架にかかり、我らの罪を贖ったという十字架の贖いは、実はキリスト教の奥義であり、最も大切な教えであるが、最も難しい部分でもある。それは、教えられるとおりに信じて受けるよりほかの手はない。内村鑑三は、十字架を仰ぎ見るという方法によったのに対し、小西牧師は、称名してそのまま受けるという、称名の信仰を明らかにされた。称名とは、「わが主イエスよ」と、主の御名を称えることであるが、それは仏教浄土門の祖師方が強調された信仰の受け方であり、誰でも実行できる信仰の継続の方法である。

第二に、目の前の義務を果たすことは、キリスト教でいう愛であることを明らかにした。目の前の義務を果たすことが大切であることは、内村鑑三、新渡戸稲造も、しばしば述べているが、それがキリスト教の愛の実践になる、とまで言い切った牧師、研究者は他にいないのではあるまいか。

第三に、宗教をわがものとするためには、信と行が必要であり、信は信じて受けること、行は、称名という行を毎日、続けることが必要である、と説いた。これは、日本仏教の信仰の受け方を、キリスト信徒にも当てはめたのである。

第四に、誠実で、謙遜な生活を送ったことにより、信徒に生き方の手本を示した。仏教では、信仰には善知識（先生）が必要というけれども、小西牧師は、信徒にとって、まさに善知識であった。

第五に、宗教と道徳の違いを明らかにしたことである。宗教は、来世に関することを教え、その反映として現世に生きる力を与えるものである。倫理道徳は、この世において、我々はどう生きるべきかを教えるにとどまる。

第六に、現代は、科学技術が際限なく発達し、物質的要求が満たされ、宗教は迷信である、阿片である、あるいは宗教には無関心という人たちが増えている。しかし、小西牧師は、宗教の大切さ、宗教は生きる力であることを強調した。これは信じてみなければわからないことかも知れないが、宗教は生きる力であり、迷信ではないことを明らかにした。現代人は、宗教を信ずる方法を失っていること、宗教は生きる力であることを忘れていることについて、小西牧師はしばしば警鐘を鳴らした。

日本的キリスト教

恵心流キリスト教は、内村鑑三の述べる「日本的キリスト教」である。

日本的基督教

内村鑑三

日本的基督教というは、日本に特別なる基督教ではない。日本的基督教とは、日本人が、外国の仲人を経ずして、直に神より受けたる基督教である。その何たるかは一目瞭然である。この意味において、ドイツ的基督教がある。英国的基督教がある。蘇国的基督教がある。米国的基督教がある。その他各国の基督教がある。而してまたこの意味において、日本的基督教がなくてはならない。しかり既にあるのである。「人の衷に霊魂のあるあり。全能者の気息(いき)これに聡明(さとり)を与ふ」とある(ヨブ記三二章八節)。日本魂が全能者の気息(いき)に触れる所に、其所に日本的基督教がある、この基督教は自由である、独立である、独創的である、生産的である、真の基督教はすべて、かくあらねばならない、未だ曾て他人の信仰に由て救はれし人あるなし、而して又他国の宗教に由て救はるる国あるべからずである。米国の宗教も英国の信仰も、よしその最善の者たりと雖(いえど)も日本を救ふことは出来ない。日本的基督教のみよく日本と日本人とを救うことができる。

(『内村鑑三全集』第二五巻、五九三頁)

この文章は、内村鑑三『続一日一生』の一〇月一五日の所に引用されている。

また、内村鑑三は、日本仏教に対して深い尊敬の念をいだいていた。それは、次のような文章に表れている。

信仰の単純

信仰は単純なるを要す、単純ならざれば、明瞭ならず、また単純ならざれば熱心なること能わず。……自己を完うする上からも見ても、又他人を済う点から考えても、信仰の単純は最も探求むべき事である、法然上人によりて仏教が南無阿弥陀仏の六字に簡約せられし時に日本における仏教の普遍的感化が始まったのである、日蓮上人もまたよく此事を解し、彼の信仰を南無妙法蓮華経の七字に縮約めて導化の大功を奏したのである。世に冗漫なる信仰の如く無能なる者はない、一言でもってわが信仰をつくしうるに至るまでは我は我が衷において平らかなる能わず、また外に向かって明瞭にわが信仰を述ぶることができない。

（『内村鑑三全集』第二〇巻、二六一頁）

わが信仰の友　源信と法然と親鸞

我は日本人である、故に情に於いてはルーテル、ウェスレー、ムーディーに対するよりも、源信、法然、親鸞に対しより近く感ずるはやむをえない、我は彼らが弥陀を慕いしその心をもって我主イエスキリストを慕うものである。

（『内村鑑三全集』第二一巻、三四三頁）

内村鑑三に、小西芳之助のような弟子が生まれたことは必然であるように思われる。

普遍的キリスト教

小西芳之助の説く「恵心流キリスト教」は、誰でも、どこでも、いつでもできる短い祈りである。したがって、恵心流キリスト教は、プロテスタント、カトリックを問わず、またプロテスタント内の教派を問わず、受け入れることができる。すべてのキリスト教の基礎とすることができる普遍性がある。

カトリックの司祭の中にも、小西芳之助とよく似た信仰を説かれる方がおられる。それは井上洋治神父（一九二七—二〇一四）である。井上洋治神父は、一九二七年、神奈川県に生まれ、東京大学文学部哲学科を卒業、フランスのカルメル修道会に入会、リヨン、リールの大学で学び、一九六〇年日本で司祭となり、二〇一四年に逝去された。小説家遠藤周作と親友であり、日本人にキリスト教が受け入れられるためには、日本的キリスト教がなければならないと考え、常に「南無アッバ」と呼ぶことを勧められた。「南無」とは、もとはサンスクリット語で、帰依するという意味だが、南無阿弥陀仏、南無妙法蓮華経というふうに使われて日本語として定着している言葉である。「アッバ」とは、お父ちゃんとかお父さんという言葉で、イエスの祈りはいつも「アッバ」という呼びかけの言葉で始まっていた。したがって、「南無アッバ」とは、小西牧師が説く「わが主イエスよ」というのと同じような意味を持つ祈りの言葉である。

井上洋治神父のいくつかの讃歌を掲げる。

アッバ讃歌

・朝目覚め　今日の一日そっとさしだし南無アッバ
・朝食のあとかたづけ　お皿こわして南無アッバ
・ホームに立って　電車待つ間に南無アッバ
・さがしもの　今日も半日南無アッバ
・しのびよる老いの重みに　南無アッバ
・病院の待合室で　名前呼ばれて南無アッバ
・病床の　友の痛みに南無アッバ
・息子亡くした母の涙に南無アッバ

・心傷つけてしまい　なすすべもなく南無アッバ
・返信をポストに入れ　心をこめて南無アッバ

これらの讃歌を読むと、井上神父も、いつでもどこでも、「南無アッバ」と称えておられた方だと思う。
また井上神父の『法然――イエスの面影をしのばせる人』という本を読んで、法然上人に対する尊敬の念が小西牧師と同じなので、驚いたことがある。井上神父も、法然上人など浄土門の祖師方が「南無阿弥陀仏」と呼んでいることに霊感を得て、「南無アッバ」という短い祈りを思いつかれたのではないか。そしてその短い祈りが、日本人の間にキリスト教を広める手段になると言われる。井上神父はカトリック、小西牧師はプロテスタント、したがって称名の信仰は、カトリック、プロテスタントを問わず、最も短い祈りとして、いつでも、どこでも行なえて、有効だということになる。

本書が、既にクリスチャンである皆様のために、またこれから真剣にキリスト教を探求して見ようという皆様のために、何かの参考になれば幸いであります。

あとがき

小西芳之助先生は、ロマ書一〇章一三節の「主の御名を呼び求める者は、すべて救われる」という聖句を最も大切に考えられ、「わが主イエスよ」と救い主の名前を呼ぶ称名の信仰を説かれました。私は、小西先生の弟子の一人として、行住坐臥時節の久近を問わず、称名を実行している者であります。実行してみて、これは最も短くいつでも行える祈りだと思います。困った状況にある時には特に熱心に唱えますし、力がこもります。

私は毎朝散歩をしますが、散歩の時は称名の時間です。小西先生も散歩をよくされましたが、散歩の時は、称名の時間であったろうと思います。朝、日の出の太陽に向かって散歩をしますと、太陽光線が木漏れ日となって降り注ぐ光景を見る時、池や水の流れの上にきらきらと輝く光の反射を見る時、建物の窓ガラスや自動車に太陽の光が当たって輝くのを見る時など、反射的に「わが主イエスよ」と称名が出ます。聖霊を最も感ずる時でもあります。是非皆様も、真似をして頂いて、朝は太陽に向かって、夕べは夕陽に向かって、散歩しながら称名をされますと、同じように聖霊が降り注いでいるような感じを持たれると思います。

私は学生時代、親友阿部達雄君の紹介により、小西先生に出会えたことが人生最大の幸福であったと思っています。南原繁先生にも出会って、伝記（『南原繁の生涯——信仰・思想・業績』教文館、二〇一二年）を書かせて頂きましたが、これも幸運な事であったと思います。この度は、南原繁先生の伝記に引き続き、小西芳之助先生の伝記を出版することができて大変光栄に思います。

本文で書き足らなかったことを記したいと思います。それは、小西先生の弟子の一人、佐生健光さん（一九二九―二〇一六）の著書のことです。佐生さんは、『キリスト教と称名』、『キリスト教と望』、『キリスト教と愛』という三部作の大著を著されました。それぞれ、キリスト教の称名（信）、望、愛が、表現されている旧約聖書、新約聖書の箇所を取り出して解説している力作です。

『キリスト教と称名』に収められている「キリスト教の称名について」という論文では、旧・新約聖書の中から、称名の信仰が描かれている箇所を丹念に抽出しておられます。紹介されている称名の箇所は、次の通りです。

〈旧約聖書における称名〉

創世記　四・二六、一二・八
出エジプト記　一四・一〇、一五・一―二
民数記　二〇・一五―一六
申命記　四・七、二六・七
ヨシュア記　二四・六―七
士師記　一〇・一〇―一二、一五・一八―一九
サムエル記下　二二・五―七
列王記上　八章
列王記下　五・一一
歴代志下　七・一四―一五
ネヘミヤ記　九・四、二七
ヨブ記　九・一六、一二・四、二七・九―一〇、三〇・二〇、三五・一二―一四、三八・四一
詩篇には特に多い。

詩篇　六一・三、九一・一四―一六、一一六・一七―一九、一三〇篇
イザヤ書　一一・一―一〇、一二・四―六、五三章、五五・六―七、五八・九、五九・二一
哀歌　三・五五―五八
ヨエル書　一・一八―一九、二・二八―三二
ゼパニヤ書　三・一一―一二
佐生兄弟は、称名は、イスラエルの歴史の中に確固とした歩みを残しているという。
〈新約聖書における称名〉
マタイ伝二〇・二九―三四
ルカ伝二三・三九―四三
使徒行伝　二・二〇―二一、九・二一、一五・一四―一七、二二・一六
ロマ書　一〇・九―一三、一五・二〇
Ⅰコリント　一・二、一二・三
Ⅱテモテ　二・一九―二二
佐生兄弟は、同論文の最後で次のように述べておられます。
「以上、キリスト教の称名について述べてきた。これは、我が師・小西芳之助が伝道のご生涯の後半で特に力説された講説を、旧・新約聖書の聖句と、我が国仏教浄土門の祖師方の言葉によって確かめる方法を取った。……このことはいつか、誰かがもっと完全な形でしてほしいことである。拙文がささやかなつなぎの役を果たすことができたとしたら、これほど嬉しいことはない」。
最後に、この本を書き終えるにあたり、石館家庭集会でご一緒し、今は既に天国に籍を移された次の方々に特

に感謝申し上げる。石館基、佐生健光、山口良二、小貫亦男、村山愿、小西美江、神谷節子。
また、小西先生の長女細井スワコ様、石館基夫人の石館悦子様には原稿を読んで貴重なご指摘を頂きました。小西先生と石館守三先生のテープを共に学んでいる高円寺東集会のメンバーの方々、特に新潟県、滋賀県の遠方から時々集会に参加される吉川京子様、河内恵子様。昔からいろいろな形でご支援頂いた佐藤れん様。教会史などの資料を提供して頂いた日本基督教団小石川白山教会、同大阪九條教会（旧築港福音教会）、福岡聖書研究会、日本基督教団本所緑星教会、同早稲田教会の関係者の皆様。奈良県大和高田市にお住まいで、小西先生のご両親、中学校時代のことなど教えて頂いた今西宗様。同志会金曜会記録を整理された村上瀏治様、同志会前理事長北原和夫様、小西先生に出会うきっかけを作ってくれた故阿部達雄さん、学生時代から信仰の友人としてお付き合い頂いた下澤悦夫さんほかの皆様に、厚く感謝申し上げます。

出版に当たっては、教文館会長宮原守男氏、同社社長渡部満氏、出版部課長髙木誠一氏、石澤麻希子様に大変お世話になりました。なお、引用文について、原著の明らかな誤植は修正し、字体や送り仮名も読みやすさを考えて適宜変更したことをおことわりいたします。

本書が、小西芳之助先生の生涯と信仰を知る上で役に立ち、称名の信仰が少しでも多くの人に実行されるものとなり、信仰により力が与えられるようになることを願います。本書の出版に至るまでにご協力を賜った多くの方々に心からの感謝の意を表し、謹んで小西芳之助先生及び石館守三先生のご霊前に本書をお捧げします。

二〇二〇年六月

山口周三

《著者紹介》

山口周三（やまぐち・しゅうぞう）

1942年岡山市生まれ。岡山県立岡山操山高校を経て、1964年東京大学法学部卒業、建設省入省。1992年国土庁官房審議官。2007年（財）建設業適正取引推進機構理事長。南原繁研究会副代表・事務局長を務める。1962年から高円寺東教会牧師小西芳之助に学ぶ。教会解散後は石館家庭集会、高円寺東集会に所属。日本基督教団早稲田教会教友。

著書　『南原繁の生涯――信仰・思想・業績』（教文館）、『資料で読み解く南原繁と戦後教育改革』（東信堂）、『真善美・信仰――南原繁著作集感想』（私家版）、『内村鑑三全集感想』（私家版）、『イギリスの都市計画』（至誠堂）など。

小西芳之助の生涯――恵心流キリスト教の牧師

2020年8月30日　初版発行

著　者　山口周三

発行者　渡部　満

発行所　株式会社　教文館
〒104-0061　東京都中央区銀座4-5-1　電話03(3561)5549　FAX 03(5250)5107
URL　http://www.kyobunkwan.co.jp/publishing/

印刷所　モリモト印刷株式会社

配給元　日キ販　〒162-0814 東京都新宿区新小川町9-1
電話03(3260)5670　FAX 03(3260)5637

ISBN 978-4-7642-9990-0　Printed in Japan

人名索引

あ行

か行

さ行

た行

な行

は行

ま行

や行

ら行

わ行

小西芳之助年譜

年	年齢	事　蹟	時代背景
明治31年 (1898)		5月31日、奈良県北葛城郡高田町（現在の大和高田市）新町1丁目1570番地に、父今西宗十郎と母ミネの3男として生まれる。 郷里の大和高田は、生涯小西芳之助が尊敬した恵心僧都の生まれた当麻村の隣町であった。	
明治38年 (1905)	7歳	4月、高田町立片塩男子尋常小学校入学。	9月、日露戦争終わる（ポーツマス会議）。
明治44年 (1911)	13歳	3月、片塩小学校卒業。 4月、奈良県立畝傍中学校入学。	1月、大逆事件判決。 11月、辛亥革命。
大正3年 (1914)	16歳	4月、母ミネ永眠。	7月、第一次世界大戦起こる。
大正5年 (1916)	18歳	3月、畝傍中学校卒業。	1月、吉野作造「憲政の本義」。 12月、夏目漱石逝く。
大正6年 (1917)	19歳	9月、第一高等学校（一部甲類）に入学。3年間の寮生活を送る。 10月、小石川福音教会（現在の小石川白山教会）の宣教師ミス・ローラ・モークのバイブル・クラスおよび日曜礼拝に出席するようになる。	11月、レーニン、ソビエト政権樹立（ロシア10月革命）。 11月、バルフォア宣言。
大正7年 (1918)	20歳	1月、郷里に帰省中、郡山中学校教師島村清吉より、仏教浄土門の教えを学ぶようになる（大正14年まで）。 6月2日、小石川福音教会の会堂落成記念特別伝道会（4月25～29日）に招かれたホーリネス教会中田重治監督の説教において、「イエス・キリストの血凡ての罪より我を潔む」との聖書の言葉を聞いて、小石川福音教会牧師万木源次郎より受洗。 10月、ミス・モークのバイブル・クラスに出席した後、内村鑑三の聖書講義に出席するようになる（神田美土代町の東京基督教青年会館）。	1月、内村鑑三、中田重治、木村清松と共に再臨問題講演会を開く。 9月、原敬内閣。 11月、第一次世界大戦休戦成る。

年	年齢	事　蹟	時代背景
大正 8 年 (1919)	21歳	内村鑑三の聖書講義の会場が、大手町の大日本私立衛生会館に移る。	1 月、パリ講和会議。 6 月、ヴェルサイユ条約調印。 8 月、ドイツ、ワイマール憲法制定。
大正 9 年 (1920)		6 月、第一高等学校卒業。 9 月、東京帝国大学法学部入学。 同志会（東大キリスト教学生の寮）に入会。	1 月、国際連盟成立、新渡戸稲造、事務次長に就任。
大正 10 年 (1921)	23歳	1 月、内村鑑三のロマ書講義始まる。 5 月 15 日、内村鑑三のロマ書 3 章 21 節の講解説教において、「律法道徳とは無関係に、神の義は顕われた」と教えられ、生涯の福音理解の根底となった。	11 月、原敬首相、東京駅頭で暗殺される。 11 月、ワシントン軍縮会議。 12 月、日英同盟廃棄。
大正 11 年 (1922)	24歳	4 月、石館守三、同志会に入会。 10 月、内村鑑三のロマ書講義終わる。	2 月、ワシントン海軍軍縮条約。 10 月、イタリア、ムッソリーニのファシスト政権成立。
大正 12 年 (1923)	25歳	3 月、東京帝国大学法学部政治学科卒業。 4 月、学資を得るため、静岡中学校教師嘱託を務める（10 月まで）。	9 月 1 日、関東大震災（死者 13 万人）。以後内村の聖書研究会は、柏木今井館聖書講堂に移る。 11 月、ドイツ、レンテンマルクの奇跡。
大正 13 年 (1924)	26歳	1 月、補充兵として徴集される。 2 月、眼が悪いため、兵役免除。 11 月、高等文官試験行政科合格。	1 月、中国第一次国共合作。 1 月、レーニン没、スターリンが代わる。
大正 14 年 (1925)	27歳	5 月、安田信託の前身、共済信託株式会社に入社、大阪本店庶務課に配属。 大阪時代は、大阪築港福音教会（現在の大阪九条教会）に属した。	4 月、治安維持法公布。 5 月、普通選挙法公布。

年	年齢	事　蹟	時代背景
大正 15 年 (1926)	28歳	1 月 13 日、島村清吉永眠。 1 月、共済信託株式会社は、安田信託株式会社と社名変更。	12 月、大正天皇崩御。
昭和 2 年 (1927)	29歳	5 月 21 日、志立フジノと結婚。 秋、四明会入会。四明会は、大正 13 年、大阪商科大学教授河本脩三によって始められた精神修養の会。	3 月、金融恐慌勃発。
昭和 3 年 (1928)	30歳	11 月、長男伝一生まれる。	8 月、パリ不戦条約調印。 10 月、蔣介石、国民政府主席。
昭和 5 年 (1930)	32歳	3 月 28 日、内村鑑三永眠。	1 月、ロンドン軍縮会議。 4 月、ロンドン海軍軍縮条約調印。 11 月、浜口雄幸首相、東京駅で狙撃され、重傷。
昭和 7 年 (1932)	34歳	5 月、次男順二生まれる。	2 月、井上準之助前蔵相暗殺。 3 月、満州国建国宣言。 5 月、5・15 事件。犬養毅首相暗殺。 7 月、ドイツ、ナチス第 1 党になる。
昭和 10 年 (1935)	37歳	1 月、奈良県南葛城郡戸毛の小西マサ（伯母）と養子縁組、今西から小西へ改姓。	2 月、美濃部達吉、天皇機関説事件。
昭和 11 年 (1936)	38歳	1 月、長女スワコ生まれる。	2 月、2・26 事件、内大臣斉藤実、蔵相高橋是清ら暗殺される。
昭和 16 年 (1941)	43歳	11 月、大阪支店庶務係主任。	10 月、近衛文磨内閣退陣、東条英機内閣。 12 月、太平洋戦争勃発。

年	年齢	事　蹟	時代背景
昭和17年(1942)	44歳	2月、安田信託銀行福岡支店支配人代理として転勤。 4月、福岡時代は福岡聖書研究会に所属。福岡時代に、矢内原忠雄が2回訪れ、聖書講義を行なう。	2月、シンガポール占領。 6月、ミッドウェー海戦敗北。
昭和21年(1946)	48歳	2月、石館守三同志会理事長に就任。 5月19日、妻フジノ膵臓がんのため41歳で永眠。 9月、安田信託大阪支店調査役として大阪に戻る。	1月、天皇人間宣言の詔勅。 3月、日本国憲法内閣草案発表。 5月、吉田茂内閣発足。 11月、日本国憲法公布。
昭和22年(1947)	49歳	7月、安田信託の関連会社、第一木材株式会社取締役に開始。 8月4日、上京、同志会に一時の居を定め、新会社の仕事を開始。 9月7日、夢うつつに伝道者となる決心が与えられた。同日モーク先生に話し、激励を受ける。 9月10日、決心を石館守三に話し、石館これを喜ぶ。 9月14日、同志会を去る。 10月、広野捨二郎が東京大空襲で亡きあと無牧の本所緑星教会の牧会に従事する。 10月19日、教会は焼失していたため、信者の松野氏の家で初めて説教をする。教団の牧師資格を得ていなかったため、主任担任牧師は、ドクター・メーヤー。ミス・モークは、毎日曜日夜、バイブル・クラスを開いて応援。	3月、教育基本法、学校教育法公布施行。 5月、日本国憲法施行。 5月、片山哲内閣。
昭和23年(1948)	50歳	1月、国際基督教大学研究所（同大学の開設準備のために設けられた研究所）の非常勤所員として、信仰指導を行う（24年9月同研究所の解散まで）。 3月、本所緑星教会主任教師。 9月、本所緑星教会主任教師を辞す。 12月、千葉県佐倉市志津の佐藤武の家における家庭集会始まる（53年9月まで）。	2月、芦田均内閣。 7月、教育委員会法公布施行。 8月、大韓民国成立（李承晩大統領）。 9月、朝鮮民主主義人民共和国（金日成首相）成立。 10月、昭電疑獄、芦田内閣辞職。 10月、吉田茂内閣。 11月、極東軍事裁判判決。

年	年齢	事　蹟	時代背景
昭和24年 (1949)	51歳	3月13日、高円寺独立伝道所発足。主任教師小西芳之助、同労者は、石館守三、酒枝義旗。 3月20日、八木英次郎氏の拠出による牧師館の献堂式。 3月27日、午後内村鑑三先生記念講演会（石館家2階)。「内村先生と藤井先生」(酒枝義旗)、「内村鑑三と今日の日本」(金澤常雄)、「先生の最もお喜びになること」(小西芳之助)。 昭和29年までは、会堂なく、牧師館手狭のため、日曜礼拝は、ほとんど石館家2階で開く。 5月25日、日本基督教団の補教師として准允を受ける（小崎道雄牧師、富士見町教会)。 7月、エッケル宣教師、集会の全員と共に高円寺東教会に合流。 7月24日、日本基督教団高円寺東教会設立式(司式中野教会森牧師)。 9月18日、教会月刊伝道誌『よろこび』第1号発刊。 10月、高円寺東教会第1回総会。 12月、高円寺東教会初めてのクリスマス礼拝祝会。説教は小西「イエス降誕の意義」、酒枝「見よ、その口に橄欖の若芽あり」。	1月、総選挙、第3次吉田内閣。 2月、ドッジ来日、ドッジライン（超緊縮財政）始まる。 4月、北大西洋条約調印。 9月、シャウプ使節団、税制改革勧告。 10月、中華人民共和国成立。
昭和25年 (1950)	52歳	この頃より、同志会先輩として同志会の金曜会に出席し、内会員の信仰指導を行なう。	6月、朝鮮戦争勃発。 8月、警察予備隊設置。
昭和26年 (1951)	53歳	7月、エッケル先生、高円寺東教会における教導責任を解く。 9月、ヨハネ伝の聖書講解説教を開始。	9月、サンフランシスコ講和会議。対日講和条約調印、日米安全保障条約締結。
昭和27年 (1952)	54歳	肺結核のため自宅療養。この間日曜礼拝説教は、酒枝長老、石館長老、岡田長老、長野長老、黒崎兄弟らによって行われた。	2月、日米行政協定調印。 4月、対日講和条約、日米安全保障条約発効。
昭和28年 (1953)	55歳	2月、一時講壇に復帰し、ヨハネ伝を続ける。 6月26日、モーク先生、定年退職し、帰国。 6月28日、エッケル先生九州赴任のため送別礼拝を持つ。 9月、肺結核治療のため、鎌倉市長谷の鎌倉病院に入院。	1月、アメリカ、アイゼンハワー大統領就任。 7月、朝鮮戦争休戦協定調印。

年	年齢	事　蹟	時代背景
昭和29年 (1954)	56歳	3月、高円寺東教会創立5周年記念礼拝。出席し、感話を述べる。 7月4日、高円寺東教会の新会堂完成、献堂礼拝。 11月、鎌倉病院を退院。	6月、政治的中立に関する教育2法、自衛隊法公布。 6月、周恩来・ネール会談、平和5原則の声明。 12月、鳩山一郎内閣。
昭和30年 (1955)	57歳	エルマー宣教師のバイブル・クラスに出席し始める(33年頃まで)。	経済の高度成長始まる。
昭和31年 (1956)	58歳	ルカ伝の講解説教を開始。 3月8日、按手礼を受け、日本基督教団の正教師となる(浜崎次郎牧師、霊南坂教会)。 7月、『よろこび』の巻頭に英文の所感を掲載し始める。 12月、高円寺東教会クリスマス礼拝説教、酒枝義旗「イエス降誕の意義」。酒枝先生は、この説教を最後に、自身の待晨集会に専念。	10月、日ソ国交回復に関する共同宣言(鳩山内閣)。 12月、日本、国連に加盟。 12月、石橋湛山内閣。
昭和32年 (1957)	59歳	聖書講解、ルカ伝。 この頃以降、49年頃までの礼拝説教の分担は、第2日曜日石館守三、他の聖日小西。 11月21日、阿部美江と再婚。	2月、岸信介内閣。
昭和33年 (1958)	60歳	聖書講解、ルカ伝。 4月、次男山添順二、東京神学大学を卒業、品川教会伝道師となる。 12月、使徒行伝の聖書講解説教を開始。	3月、ソ連、フルシチョフ首相就任。
昭和34年 (1959)	61歳	3月、高円寺東教会10周年記念礼拝。 6月、同志会の創立者酒井徳太郎永眠。	4月、皇太子明仁親王、美智子妃殿下と御成婚。
昭和35年 (1960)	62歳	聖書講解、使徒行伝。	1月、改訂日米安保条約、地位協定調印。 4－6月、安保闘争。 6月、安保条約自然成立。 7月、池田勇人内閣。
昭和36年 (1961)	63歳	1月、第1回ロマ書講解説教始まる。 8月、ロマ書3章21節の解釈について、バルト、ドッド、ジョン・ノックスの3先生に手紙を書く。	1月、アメリカ、ケネディ大統領就任。

年	年齢	事　蹟	時代背景
昭和 37 年(1962)	64歳	9 月 18 日、モーク先生永眠。 11 月、モーク先生記念講演会（小石川白山教会)。 12 月、第 1 回ロマ書講解説教終わる。	10 月、キューバ危機。
昭和 38 年(1963)	65歳	1 月、コリント前書の講解説教を開始。月 1 回は旧約聖書講解にあてることとし、ヨエル書から始める。 10 月、関西、福岡市、中津市へ伝道旅行、古い教友に会う。 11 月、左股静脈血栓症のため、荻窪出月病院へ入院（一月間)。	11 月、ケネディ大統領暗殺。
昭和 39 年(1964)	66歳	2 月、旧約の講解説教は、ダニエル書に入る。 10 月、コリント後書の講解説教を開始。	10 月、東海道新幹線開通。 10 月、東京オリンピック。 11 月、佐藤栄作内閣。
昭和 40 年(1965)	67歳	10 月、ガラテヤ書の講解説教を開始。 11 月、旧約の講解説教は、ヨブ記に入る。	2 月、米軍ベトナム北爆開始。 6 月、日韓基本条約調印。
昭和 41 年(1966)	68歳	10 月、岡山旅行に際し、法然上人の誕生の地に建てられた誕生寺を訪れる。 10 月、エペソ書の講解説教を開始。	4 月、中国、文化大革命。
昭和 42 年(1967)	69歳	10 月、関西へ伝道旅行。 10 月、ピリピ書の講解説教を開始したが、胃潰瘍のため、翌年 5 月まで講壇を休み、コリント前書の説教録音テープで礼拝を持つ（入院はせず、投薬のみ)。 12 月、『コリント人への第一の手紙講解』発行。	10 月、吉田茂死去。
昭和 43 年(1968)	70歳	6 月、ピリピ書講解再開。 12 月、コロサイ書の講解説教を開始。	1 月、小笠原諸島返還。
昭和 44 年(1969)	71歳	3 月、高円寺東教会創立 20 周年記念礼拝。 6 月、ピレモン書の講解説教。 6 月、関西へ伝道旅行。 6 月、テサロニケ前書の講解説教。	1 月、東大安田講堂封鎖、炎上事件。

年	年齢	事　蹟	時代背景
昭和45年(1970)	72歳	2月、テサロニケ後書の講解説教。 5月、テモテ前書の講解説教。 10月、テモテ後書の講解説教。 11月、テトス書の講解説教。	3月、大阪万国博覧会。
昭和46年(1971)	73歳	1月、ロマ書の第2回講解説教始まる。 6月、関西へ伝道旅行。	6月、沖縄返還協定調印。 10月、中華人民共和国、国連加盟。
昭和47年(1972)	74歳	11月、同志会創立70周年記念式典。 11月、関西伝道旅行に際し、奈良県当麻の恵心僧都誕生の地を訪れる。 12月、第2回ロマ書講解説教終わる。	2月、ニクソン訪中、アメリカ・中国共同声明。 5月、沖縄返還。 7月、田中角栄内閣。 9月、日中共同声明(田中内閣)。
昭和48年(1973)	75歳	1月、コリント前書の講解説教。 7月、『ローマ人への手紙略記』発行。この本は、第2回ロマ書講解説教の要旨を『よろこび』誌に掲載したものをまとめたものである。	1月、ベトナム平和条約。 10月、石油危機。 11月、物価騰貴。
昭和49年(1974)	76歳	4月、高円寺東教会創立25周年記念礼拝並びに祝会。 9月、コリント後書の講解説教。	5月、セブンイレブン第1号店開店。
昭和50年(1975)	77歳	3月、広野捨二郎牧師召天30周年記念礼拝(本所緑星教会)において、記念説教を行なう。 8月、病気のため、清川病院に入院。 11月、ガラテヤ書の講解説教。	3月、山陽新幹線、博多まで延伸。 4月、ベトナム戦争終結。
昭和51年(1976)	78歳	4月、講壇に復帰。 6月、エペソ書の講解説教。この頃より称名に関する説教が多くなる。 6月、『ローマ人への手紙略記(別冊)』発行。この本は、第2回ロマ書講解説教を同志会有志を中心とする人々が録音テープより起こし、『よろこび』誌に掲載されたものを、本にまとめたものである。	1月、周恩来死去。 2月、ロッキード事件。 4月、中国、天安門事件。 7月、ベトナム社会主義共和国発足。 9月、毛沢東死去。 10月、福田赳夫内閣。
昭和53年(1978)	80歳	5月、ピリピ書の講解説教。	8月、日中平和条約調印。 12月、大平正芳内閣。

年	年齢	事　蹟	時代背景
昭和54年 (1979)	81歳	4月、高円寺東教会創立30周年記念礼拝並びに祝会。 9月、健康がすぐれないため、以降原則として録音テープによる説教となる。 10月、コロサイ書の講解説教。	1月、米中国交樹立。 5月、イギリス、サッチャー首相就任。
昭和55年 (1980)	81歳	3月30日、高円寺東教会最後の礼拝、教会総会、感謝会。 3月31日、高円寺東教会解散。 4月6日、牧師館で第1回石館家庭集会を開く。 4月9日、脳血栓のため永眠。81歳10か月の地上の生涯であった。 4月13日、葬儀（高円寺東教会）。 11月、召天記録『その時の喜びや如何』発行。	4月、中ソ友好同盟相互援助条約失効。 9月、イラン・イラク戦争起こる。

参考文献

1. 小西芳之助関係

『その時の喜びや如何——導源小西芳之助先生の召天記録』発行者小西美江、1980年
『小西芳之助先生余芳』元高円寺東教会共励会、1981年
小西芳之助『ローマ人への手紙講解説教——恵心流キリスト教』キリスト新聞社、1994年
小西芳之助導源『主の御名を呼ぶ』石館基編、高円寺家庭集会、2000年
小西芳之助『コリント第一の手紙講解説教』高円寺家庭集会、2003年
小西芳之助『コリント第二の手紙講解説教』高円寺家庭集会、2004年
小西芳之助『ガラテヤ人への手紙講解説教』高円寺家庭集会、2005年
石館基編『天国の外交官——小西芳之助・恵心流キリスト教』高円寺家庭集会、2010年
小西芳之助導源『エペソ人への手紙講解説教』高円寺東集会、2015年
小西芳之助導源『わが主イエスよ——恵心流キリスト教・説教集』高円寺東集会編、横濱大氣堂、2016年
小西芳之助導源『ピリピ書・コロサイ書講解説教』高円寺東集会編、横濱大氣堂、2019年

2. 宣教師ミス・モーク関係

『ミス・ローラ・J. モーク——その信仰と生涯』ミス・ローラ・モーク記念事業委員会編、月曜会発行、1964年
『エデンのかけ橋——モーク先生の教えと手紙』モーク先生生誕100年記念委員会編、小石川白山教会・月曜会、1986年

3. 島村清吉関係

『島村自責居士語録集』「島村自責居士遺芳」刊行会、1975年

4. 石館守三関係

石館守三『はまなすのこみち——私の歩んだ道』発行者廣川節男、1988年
蝦名賢造『石館守三伝——勇ましい高尚なる生涯』新評論、1997年
矢野功『石館守三［漫画伝記］』青森市発行、2000年
『同志会百年史——基督教学生寮百有余年の歩み』同志会、2009年

5. その他

内村鑑三『羅馬書の研究』向山堂書房、1924年
『内村鑑三全集』岩波書店
「「南無アッバ」の祈り」（『井上洋治著作選集』第5巻）日本キリスト教団出版局、2015年
「法然——イエスの面影をしのばせる人」（『井上洋治著作選集』第8巻）日本キリスト教団出版局、2017年
山根道公『遠藤周作と井上洋治——日本に根づくキリスト教を求めた同志』日本キリスト教団出版局、2019年

参考文献

『小石川白山教会80年史』同編集委員会編、日本基督教団小石川白山教会、1982年
『60年史』日本基督教団大阪九條教会、1973年
『わが教会・95年の歩み』日本基督教団本所緑星教会、1987年
『早稲田教会50年史』日本基督教団早稲田教会、1994年
『祈りの花輪——福岡聖書研究会40年誌』福岡聖書研究会、1972年
『向陵誌』第一高等学校寄宿舎発行、一高同窓会、1984年
『東京大学百年史』部局史一、東京大学、1986年
『安田信託銀行四十年史』安田信託銀行株式会社、1965年
『四明会報』第21、23、25号
『柏影会誌』私家版（写真集）1960年

掲載写真出典一覧

口絵 1 頁　著者所有の写真
口絵 2 頁　『小西芳之助先生余芳』元高円寺東教会共励会、1981 年
口絵 3 頁　『小西芳之助先生余芳』元高円寺東教会共励会、1981 年
口絵 4 頁　『ローマ人への手紙講解説教――恵心流キリスト教』（キリスト新聞社、1994 年）キリスト新聞社の許可を得て掲載
17 頁　細井スワコ所蔵アルバム
20 頁　細井スワコ所蔵アルバム
27 頁　『内村鑑三全集』第 24 巻（岩波書店、1982 年）口絵　岩波書店の許可を得て掲載
45 頁　『小西芳之助先生余芳』元高円寺東教会共励会、1981 年
48 頁　『はまなすの小道――私の歩んだ道』（私家版）、発行者廣川節男、1988 年
49 頁　『真実への出会い――酒枝義旗追悼文集』キリスト教待晨集会、1982 年
58 頁　柏影会アルバム、1960 年
67 頁　『わが主イエスよ――恵心流キリスト教・説教集』高円寺東集会編、横濱大氣堂、2016 年
76 頁　『小西芳之助先生余芳』元高円寺東教会共励会、1981 年
91 頁　『ローマ人への手紙講解説教――恵心流キリスト教』（キリスト新聞社、1994 年）キリスト新聞社の許可を得て掲載
92 頁　『小西芳之助先生余芳』元高円寺東教会共励会、1981 年
201 頁　著者所有の写真